童话读写绘 01

樱桃老师教你写出好故事

刘雅萍 著

人民邮电出版社

北京

图书在版编目（CIP）数据

童话读写绘：樱桃老师教你写出好故事 / 刘雅萍著
. -- 北京：人民邮电出版社，2023.6
ISBN 978-7-115-59742-7

Ⅰ. ①童… Ⅱ. ①刘… Ⅲ. ①作文课－小学－教学参考资料 Ⅳ. ①G623.243

中国版本图书馆CIP数据核字(2022)第130516号

内 容 提 要

刘雅萍（樱桃老师）在这套"童话读写绘"图书中，通过原创富强、民主、文明、和谐、自由、平等、公正、法治、爱国、敬业、诚信、友善这12个主题的童话故事，帮孩子梳理创编童话故事的方法；通过展示学生们图文并茂的精彩作品，帮孩子拓展写作思路，创编出主题明确、情节丰富的童话故事。借由这套书，孩子们也能感受到童话故事中真善美的力量，综合素养一并得到提升。

本书适合作文起步没思路、没想法、动不了笔的1~3年级小学生自主阅读，或者由家长陪伴亲子共读，也可供语文教师及从事写作教学研究的相关人员参考。

◆ 著　　　　　刘雅萍
　　责任编辑　　折青霞
　　责任印制　　周昇亮

◆ 人民邮电出版社出版发行　　北京市丰台区成寿寺路 11 号
　　邮编　100164　　电子邮件　315@ptpress.com.cn
　　网址　https://www.ptpress.com.cn
　　临西县阅读时光印刷有限公司印刷

◆ 开本：700×1000　1/16
　　印张：22　　　　　　　　　2023 年 6 月第 1 版
　　字数：139 千字　　　　　　2023 年 6 月河北第 1 次印刷

定价：89.00 元（全 3 册）

读者服务热线：(010)81055296　印装质量热线：(010)81055316
反盗版热线：(010)81055315
广告经营许可证：京东市监广登字 20170147 号

在童话里"培根铸魂"

习近平总书记指出，培育和弘扬社会主义核心价值观"要从娃娃抓起，从学校抓起"，他还强调，培育和践行社会主义核心价值观"要适应少年儿童的年龄和特点"。刘雅萍老师和她的学生共同创作的《童话读写绘——樱桃老师教你写出好故事》这套书，就是一次在童话里"培根铸魂"的探索与实践。

想象丰富、形象鲜明、情节神奇、文字生动清浅，这些正是童话的特点。可以说，童话是孩子天然的朋友。用童话的方式弘扬社会主义核心价值观，让孩子在轻松愉悦的童话阅读中接受社会主义核心价值观的熏陶感染，学习创作主题明确、情节生动的童话故事，十分契合孩子的认知规律和学习心理。

这套书将"读、写、绘"一体设计，分为"教师篇"和"学生篇"。刘雅萍老师创作的"教师篇"匠心独具，融合了一位语文教师和儿童文学作家的文化视野和育人情怀。

全书以刘老师的个人文学形象"樱桃老师"受邀为森林里的小动物讲故事为主轴，以社会主义核心价值观为十二个故事的主题，寓教于乐，让孩子在字里行间明辨事理，萌发对美好事物的追求。

刘老师还在每个章节之后精心设计了助读系统——读写童话的微方法，通过情境创设，让孩子成为童话表达密码的发现者，从"一篇"到"一类"，不仅让孩子成为有见识的阅读者，同时为孩子创作童话铺路、赋能。

"学生篇"是学生学习后的输出，用富有灵性的文字和图画创意表达，与"教师篇"相互呼应，一体构成了社会主义核心价值观动人的育人场景。

我一直认为一位理想的语文教师，同时应该是一位文学爱好者。刘雅萍老师不仅是浙江省特级教师，正高级教师，同时还是浙江省作协会员。可以说，文学和教育在她的专业世界中得到了很好的融通和相互的滋养。在我看来，促进这种融通，正是她对教育、对学生的爱，以及由此不断生长的智慧。

期待刘雅萍老师更多的智慧结晶！

莫国夫

浙江省特级教师

中小学正高级教师

浙江省绍兴市教育教学研究院小学语文教研员

引子

　　一天，樱桃老师正在樱桃小屋里给小朋友们写童话故事。"笃笃笃"，谁在敲窗户呀？她抬头一看，原来是一只小白鸽气喘吁吁地停在窗台上。

　　"您好！红鼻子的樱桃老师，我是森林王国的快递小哥——小白鸽，这是您的特快信件，请您签收。如果您对我的服务满意，请给五星好评。谢谢！"

　　"森林王国？我不认识那儿的朋友啊？这是谁寄给我的特快信件呢？"樱桃老师喃喃自语，然后打开信件，念了起来。

尊敬的樱桃老师：

　　您好！

　　我是森林王国的狮王。最近，森林学校的小动物们在学习写童话故事，可是要么写不长，干巴巴；要么写得乱，没条理。最近学习的"核心价值观"正是很好的故事主题，可小动物们记不住，用不上，愁得我发型都乱了。

　　我听说您会魔法，会讲故事，会教小朋友写微作文。您教的知识和道理，小朋友们轻轻松松、快快乐乐地就能学会。我想邀请您到森林学校给小动物们讲讲故事，教教方法，好吗？如果您答应，请马上出发哟！

　　祝

越来越美丽！

狮王二十四世　狮帅帅

狮年猴月马日

　　哦，原来是狮王的邀请函。樱桃老师想了想：
"嗯，好吧！我从来没有去过森林王国，也没有给小
动物们讲过故事，去开开眼界、长长见识也好！"

　　怎么去呢？小白鸽上下打量樱桃老师，严肃地
说："我会把您打包成快递，只是您的体积严重超
标，快递费要加20倍！还有，请问您选择顺风快递
还是顺水快递？"

　　哈哈哈，小白鸽不知道樱桃老师是会魔法的呀！
樱桃老师调皮地向小白鸽眨眨眼睛，说："我已选择
樱桃快递，全程包邮。"说完，她点点红鼻子，念起
咒语："叽哩叽哩咕，樱桃樱桃红——森林王国！"

　　一眨眼，樱桃老师就到了森林王国。狮王二十四
世狮帅帅高兴极了，用十二万分的热情欢迎樱桃老
师。他还特别嘉奖小白鸽开拓了"全程包邮的樱桃快
递"业务，哈哈。

　　就这样，樱桃老师开始在森林王国里给小动物
们讲故事了——

富强篇

樱桃老师的魔法故事 1

富强是国家强大，我们的祖国就像东方巨人，屹立在世界之林；富强是人民安居乐业，过上幸福美满的生活；富强是我们每个人都能为实现自己的理想而努力，为实现中国梦而奋斗。"少年富则国富，少年强则国强"，我们要努力学习，自立自强，为祖国的繁荣富强添砖加瓦！

01　牛魔王寻梦记

　　在风景如画的森林王国里，有两只可爱的小狗在快乐地奔跑。跑在前面的是哥哥，身手敏捷，名叫小闪电；跟在后面的是妹妹，美丽可爱，名叫小樱花。兄妹俩闯过层层关卡，终于成了"森林小导游"，心里可高兴了，项圈上的小铃铛也在跟着他们欢唱呢！

　　这是樱桃老师送给他们的，她说："项圈上面有12个小铃铛，你们每做一件好事，就会有一个小铃铛变成金色。当12个小铃铛都变成金色的时候，你们就成为'金铃小导游'啦！项圈还有许多功能，比如，你们握着项圈，念起咒语——叽哩叽哩咕，樱桃樱桃红，再加上地名，马上就能飞到目的地……"

　　哈哈，神奇的项圈，幸运的小闪电和小樱花。

正在这时，"小闪电、小樱花，速速归队，游客来了！"项圈上的小铃铛响了。兄妹俩一把握住项圈，念起咒语，神奇的事情发生了——他们身上长出了翅膀，飞起来啰！

他们刚到森林王国门口，一架光芒四射的直升机就降落到草地上。过了很久很久，飞机上走下一位游客，他头上长角，全身金灿灿的，披着红艳艳的披风，但是垂着头，驼着背，脚步沉重。"您好！欢迎光临森林王国，我们是小导游——小闪电和小樱花。"游客闻声，慢慢抬起头来，只见他愁眉苦脸，闷闷不乐。这，这不是牛魔王吗？怎么不是电视剧中威风凛凛的样子了？

正当兄妹俩疑惑的时候，牛魔王慢吞吞地说："你们……认识……我吧？我炒股票，天天牛市，赚了无数的钱。我建立了一个无比富强的王国，叫牛魔国。我国有花不完的钱，有最先进的科技，有最高档的房子，但是我和臣民们都觉得不快乐，心里空洞洞的。"

　　小闪电和小樱花听了牛魔王的话，互相看了看，摇摇头，不知该怎么帮助他。

　　牛魔王叹了口气，继续说："后来，我去请教智者，他说，因为我们心中都没有梦，只要找到梦，心里就不会空洞洞的了。梦去哪里找呢？他又告诉我，去行走天下吧，梦就在脚下。于是，我就到你们森林王国来了。"

　　哦，原来牛魔王是来寻梦的啊！可是他要找的梦在哪儿呢？小樱花热情地说："牛大叔，您看我们森林王国风光秀丽，景色宜人。我们带您去走走看看，说不定您的梦就找到了呢！"

　　牛魔王听后点点头，跟着小闪电和小樱花游览起来。他看到树木郁郁葱葱，鲜花绽放笑脸，听到小鸟婉转歌唱，小溪淙淙弹琴。他直了直腰，笑眯眯地说："绿水青山真是令人心旷神怡啊！可是我的王国里光秃秃的，只有金山银山。"

　　小樱花说："樱桃老师告诉我们，绿水青山就是金山银山！"

小闪电想了想说："牛大叔，您要寻找的梦难道就是——绿化梦？"

"对对对，绿化梦！这个梦真好！我要让臣民们去栽树种花，美化环境。"牛魔王觉得心中慢慢地敞亮了起来，"继续找，继续找，一个梦还不够！"

"牛大叔，我们带你去森林王国最快乐、最有文化的地方找找。"不一会儿，小闪电和小樱花带着牛魔王来到了一座漂亮的房子前，说："这是我们的森林学校，小动物们都在学校里学知识、学本领。"风中飘来小动物们琅琅的读书声和欢快的笑声。牛魔王听了，心中好像照进了一道明亮的光，说："我国臣民只知赚钱、吹牛皮，不学文化，没有知识。我要在牛魔国建一个牛牛学堂，让大家都来学文化、学本领！"

小闪电说："牛大叔，这算不算是您的梦啊？"牛魔王拍拍牛角说："对呀！对呀！这就是我要找的文化梦！"

牛魔王一激动，不小心滑了一跤，小闪电和小樱花力气小，扶不起他。周围的小动物看到了，都围上来帮忙，纷纷问他："您有没有摔伤？"牛魔王感动地说："哎，在我们国家，老人摔倒了，谁也不敢扶，唯恐被讹上。你们的关心让我的心中充满了温暖，看来我的臣民还需要礼化呀！"

小樱花跳着问："牛大叔，这也算一个梦吗？"

牛魔王发出洪亮的笑声："哈哈哈，礼化梦！这次游森林王国，真是不虚此行啊！我找到这么多的梦，心中充满了快乐。我明白了，一个国家要富强，不是光有钱就行，我要回去和臣民们分享我找到的梦。谢谢小闪电和小樱花，你们是最好的导游！"

现在，牛魔王的背挺得笔直笔直的，脸上喜气洋洋，变得像电视剧里那样威风凛凛。

小闪电和小樱花笑了。小樱花说："哥哥，牛大叔找到的是不是樱桃老师说的富强梦？"

小闪电说："我想也是，绿化梦、文化梦、礼化梦都是富强梦！我们森林王国要和牛魔国比一比

谁的梦先实现，谁更富强！"

不知不觉，他们项圈上的一个小铃铛变成金色的了。上面的"富强"两个字，在闪闪发光呢！

魔力樱桃的微心愿 1

> 七彩笔，绘梦想。
>
> 绿化梦，文化梦，
>
> 礼化梦，富强梦。
>
> 国富强，家兴旺。

读写童话的微方法 1

这些神器魔力大

我是人见人爱，花见花开的马小哈。我最喜欢读樱桃老师的故事了。我的愿望是像樱桃老师那样长个红鼻子，这样我点点红鼻子，念起咒语，就也能写出有趣的童话故事啦，哈哈哈！

来来来，调皮又可爱的小哈，樱桃老师的魔法小窍门就藏在童话故事中。请你找一找这个童话故事里的神器吧！

哦，小闪电和小樱花的神器是项圈，上面有 12 个小铃铛，他们每做一件好事，就会有一个小铃铛变成金色。项圈还有许多功能，他们握着项圈，念起咒语，再加上地名，身上就能长出翅膀，马上就能飞到目的地……项圈太神奇啦，我也好想拥有哦！

是呀，很多童话故事里都有神器哦！它们都有神奇的力量。比如：《灰姑娘》中的仙女棒、《白雪公主》中的镜子、《爱丽丝漫游奇境》中的神奇药水、《神笔马良》中的神笔……小朋友，你写童话故事的时候，也可以让主人公拥有神器哦。

民主篇

樱桃老师的魔法故事 2

民主是集体的事情大家作主，班级的干部自己选，班级的事情大家做，尊重别人，相信自己，我是班级的小主人；民主是家里的事情大家一起来商量，好好交流，不耍脾气，我是家庭的小主人；民主是社会的事情大家都来关心、都来参与，人人出主意，力量大无比，我是国家的小主人。

02　龙凤柱的秘密

　　樱桃老师送给小闪电和小樱花一本旅游杂志——《走遍神州》，兄妹俩趴在草地上看得津津有味。他们翻到其中一页，瞧，九根高大的龙凤柱映入眼帘，上面龙盘凤绕，造型奇特，形象逼真。

　　小闪电的前爪刚好碰到第九根龙柱上的一条飞龙的爪子，他突然觉得爪心一热。小樱花的前爪刚好碰到第六根凤柱上的一只凤凰的爪子，她也觉得爪心一热。"汪——！"他们惊喜地叫了起来。龙凤柱上的热量源源不断地传来，从他们的爪心慢慢地传遍了全身。他们仿佛沐浴在春日的暖阳中，春姑娘在他们耳边温柔地唱着好听的歌谣。他们笑眯眯地闭上眼睛……

　　"咦，这是哪儿啊？"他们醒来的时候，已经在一个完全陌生的地方了。四周是低矮的屋子，黄泥墙壁，茅草屋顶。人们都穿着粗布衣服，像电视剧里的古装人物那样。空地上竖着一根大木头，旁边摆着一面大鼓。

这时，有个白发银须、一脸慈祥的老爷爷走了过来，兄妹俩连忙向他打听消息。老爷爷说："好可爱的小犬，你们来自何方？此地叫蒲阪，我乃天下共主——舜。"

"啊？您就是舜帝爷爷啊！原来我们——我们——穿越到上古时代了？！"兄妹俩激动万分。小闪电说："舜帝爷爷，我们从现代的森林王国穿越而来。我们那里现在是狮年猴月，樱桃老师说人类社会称公元某某年。"舜帝听了后，说："哦，原来如此。"小樱花看看四周，好奇地问："舜帝爷爷，那边的木头和鼓是干什么用的？"

舜帝说："这根木头叫诽谤木，这鼓叫敢谏鼓。我管理着天下事，不敢有丝毫懈怠，尽管四处巡视，仍担心自己见闻有限，办事有过失。所以我设立了敢谏鼓和诽谤木，无论谁想荐贤士能臣，想献治国良策，都可以击鼓进言；无论谁发现了我的过失，都可以站在木头前大胆地说出来，或者将想法写到诽谤木上。我听取人们正确的意见，按照他们的意愿去做事。这就是所谓的天下事由天下人管。"

小闪电说："舜帝爷爷，您的办法真好。就像我们森林学校里，大家都是小主人，都要参与管理。樱桃老师说，这叫民主管理。"

舜帝缓缓地捋着长长的白胡子，笑眯眯地说："民主管理，这个说法好呀！好呀！"舜帝停了停，又指着诽谤木说："哎，一连十天，诽谤木上赞扬的都是同一个人。"

小闪电和小樱花跑到诽谤木前一看，上面密密麻麻地写满了字。

"九黎大人爱民如子！欢迎他当共主！"
"九黎大人心地善良，必须由他当共主！"
"九黎大人为民办实事，应该请他当共主！"
"九黎大人智勇双全，是老天派他来当共主的！"

……………

哇！全部都是为"九黎大人"点赞的！

正在这时，有个人向他们走来，傲慢无礼地对舜帝说："虞舜，你说的，要听取民众的意见，你看，现在民众都让我当共主，你赶紧把这个位置让给我，嘀哈哈！"原来他就是九黎。舜帝听后，气得胡须都翘了起来，他指着九黎说："你——你你——！"他一时也奈何不了九黎。

小闪电和小樱花灵机一动，他们跑到九黎身边嗅嗅，又跑到诽谤木前嗅嗅，顿时发现了其中的秘密。他们对舜帝说："舜帝爷爷，九黎的身上有一股特殊的气味，诽谤木上的每一个字都有这股特殊的气味，写字的人很可能与九黎有关系！"舜帝一听，威严地大喝一声："好哇！大胆九黎，你竟敢弄虚作假，欺瞒世人。来人呀！把他给我抓起来！"九黎见阴谋败露，吓得落荒而逃。

舜帝转身温和地对小闪电和小樱花说："今天幸亏有你们帮忙，如果九黎做了共主，部落联盟就

要分裂，百姓就要遭殃了。你们以后可要多来帮帮我鉴别坏人哦！下次我去巡游天下时，一定要把诽谤木带上。我还要立九根诽谤木，告诉九州的百姓，我们要推行你们说的民主管理！但同时也要防范别有用心的人造假。"

"九根诽谤木？"小闪电和小樱花明白了，原来这就是龙凤柱的秘密呀！时候不早了，小闪电和小樱花要回家了。怎么回去呢？他们看看项圈，第二个小铃铛变成金色的了。上面的"民主"两个字，在闪闪发光呢！

他们握紧项圈，念起咒语："叽哩叽哩咕，樱桃樱桃红——森林王国！"转眼间，他们又回到了草地上，手中还捧着《走遍神州》呢！

魔力樱桃的微心愿 2

> 天下事，大家管，
>
> 请人民，当主人，
>
> 提意愿，想办法，
>
> 讲民主，人人夸。

读写童话的微方法 2

这样穿越真好玩

哇！这是我最喜欢的穿越故事。小闪电和小樱花看着《走遍神州》，触摸着龙凤柱，竟然穿越到了上古时代，还帮了舜帝爷爷一个大忙呢！

这是一次神奇的穿越。童话故事中的人物常常可以借助一个特别的通道或道具，由眼前这个地方，穿越到另外一个地方。地方换了，一个新的故事就开始啦！

对对对！我想起了《神奇校车》，乘上书中那辆神奇校车，可以穿越飓风，可以去海底世界，还可以去冰天雪地，太好玩了！

小哈真聪明，一点就通。为你点赞哦！

小朋友，你写童话故事的时候，也可以借助"时光隧道""神奇校车"等通道或工具穿越到其他地方。

文明篇

文明是一种言行，"勿以善小而不为，勿以恶小而为之"，说文明话，做文明事，人人争做文明人；文明是一种生活状态，拥抱智能时代，享受智慧生活，与世界接轨，与全球相融，让生活更幸福；文明也是多姿多彩的精神文化生活，读书、旅游、运动……在健康丰富的活动中快乐成长。一句话，文明是社会进步的重要标志。

03 狮王城堡游记

森林王国里有一座古老的城堡，听说是狮王一世金毛狮王住过的。今天小闪电和小樱花要带一位游客去参观这座城堡。

太阳刚露出小半边脸，小闪电和小樱花就等在城堡门口了。他们等啊等，一直等到太阳升到半空中，才听到一阵刺耳的刹车声传来，一辆红色的跑车停在他们的面前。车里走出一位游客：金黄的头发卷卷的，黑黑的墨镜酷酷的，时尚的小短裙红红的，精致的小包闪闪的，皮靴的后跟又细又高……小樱花看得两眼发直，羡慕地说："哇！好美丽的贵妇犬啊！"小闪电连忙说："您好！欢迎光临狮王城堡，我们是您的导游小闪电和小樱花。"

那贵妇犬压了压墨镜，瞥了他们一眼，傲慢地说："哼，乡下小狗，我是阿尔法狗·美眉。闻名全球、打败人类的阿尔法狗是我的姨妈的表弟的外甥的舅舅的儿子的表哥，也就是我的表哥。"

小闪电挠挠脑袋，说："樱桃老师给我们讲过阿尔法狗，那是机器人，又不是狗，怎么可能是美眉小姐您的表哥？"贵妇犬一听勃然大怒："哼，没见过世面的小狗，还有愚蠢的樱桃老师。你们懂什么？！记住，你们必须叫我阿尔法狗·美眉小姐！"

虽然贵妇犬很没礼貌，小樱花却很崇拜她，谁让她这么美呢？小樱花仰望着她，说："阿尔法狗·美眉小姐，别生气。我们还是开始参观吧！瞧，这就是金毛狮王曾经住过的城堡，城堡前面有一个圆圆的日池和一个弯弯的月池，这象征着……"

还没等小樱花说完，贵妇犬自顾自地走到日池旁，摘下墨镜，对着池水，欣赏起自己美丽的身影来！正好，水中有鱼儿游过，水面漾起层层波纹。贵妇犬看到自己的倒影上布满了皱纹，顿时涨红了脸，她跺了跺脚，破口大骂："破水池，烂泥塘，呸呸呸！"她还往水池里吐了许多口水！怎么能这样？周围的游客纷纷批评她。旁边的小樱花都羞红了脸，连忙拉着贵妇犬离开日池。

"阿尔法狗·美眉小姐，请看这边，这石像就是金毛狮王。金毛狮王是天下第一勇士……"

"停停停，他是天下第一？那我表哥——阿尔法狗排第几？人类都是我表哥的手下败将！我命令你们，快把那金毛狮王叫出来，跟我表哥比试一下！立刻！马上！！"贵妇犬叫嚣道。

哎，小樱花不知说什么好了，只好对她说："今天……金毛狮王……没在家。"

小樱花带着她离开石像，来到九级台阶，说："阿尔法狗·美眉小姐，现在我们的脚下是九级台阶，这寓意金毛狮王九战九胜……"

"哎哟——"小樱花的话还没有说完，贵妇犬脚一崴，跌倒在地，皮靴的后跟骨碌骨碌滚走了。小闪电和小樱花连忙扶起她。贵妇犬气急败坏地说："什么鬼地方，又破又脏，一点儿也不好玩！回去回去！"小闪电和小樱花只好扶着她往回走。

经过一根柱子旁边的时候，贵妇犬从包里拿出一把小刀说："我要让表哥知道我来过这里，我必须刻上——阿尔法狗·美眉小姐到此一游！"小闪电和小樱花连忙阻拦："不能刻，不能刻，整个城堡有九十九根柱子，每根柱子下面的石墩上都有九只狮子。这些都是珍贵的文物，绝对不能破坏。"

贵妇犬根本不听，使劲甩开兄妹俩，用小刀刻了起来。当她刻下第一笔的时候，突然，九十九根柱子震动起来，每根柱子下面的九只狮子一起发出了愤怒的吼声，震得房顶的瓦片"啪嗒啪嗒"响。不一会儿，屋顶上积攒了几千年的黑色灰尘纷纷扬扬地飘落下来，就像下起了黑色的雪。奇怪的是，"黑雪"落到地上和游客的身上，倏的一下就消失了，只有落到贵妇犬身上的"黑雪"积了起来，一层又一层，一直把她变成了黑咕隆咚的"黑熊犬"。她被彻底"拉黑"，成了"最不受欢迎的游客"啰。

"呜呜——哇哇——汪汪——天哪，我怎么去见

我表哥啊？！"贵妇犬伤心地哭了起来。

小闪电和小樱花想起森林王国旁边的"美丽村"正在开展"传文明，正家风"的活动，于是对贵妇犬说："你不要伤心，我们建议你跟着'美丽村'的每一户村民好好学习，你只要养成文明的习惯，就一定会变回来的。"

贵妇犬点点头，到"美丽村"去学习了。如果你去"美丽村"游玩，看到村民身后跟着一只黑黑的狗，那有可能就是阿尔法狗·美眉小姐哦！

再说小闪电和小樱花，他们低头一看，项圈上的第三个小铃铛也变成金色的了。小铃铛上面的"文明"两个字，在闪闪发光呢！

魔力樱桃的微心愿 3

> 文明花，正绽放，
>
> 送微笑，暖心田，
>
> 传文明，正家风，
>
> 讲公德，扬美名。

读写童话的微方法 3

这个人物有特点

啊哦，这个贵妇犬太蛮横无理了，还给自己起了个怪名叫"阿尔法狗·美眉小姐"。我一点儿也不喜欢她！

贵妇犬给我们留下了深刻的印象，因为她太有特点了。小哈，你是从哪里看出她蛮横无理的？

太多了！你听她说的话，你看她做的事——

"贵妇犬看到自己的倒影上布满了皱纹，顿时涨红了脸，她跺了跺脚，破口大骂：'破水池，烂泥塘，呸呸呸！'她还往水池里吐了许多口水！"

是的，人物的特点可以从外貌、语言、动作、神态等方面看出来。

小朋友，你写童话故事的时候，也可以从以上几个方面写出人物的某个特点哦。这样的人物就会给读者留下深刻的印象。

和谐篇

樱桃老师的魔法故事 4

和谐是我们自觉守护绿色，爱护动物，低碳环保，与大自然和平相处；和谐是人与社会共同进步的美好状态；和谐是人与人之间的友善相处；和谐是斑马线前司机和行人的礼让，是社区乡里的守望相助，是一声声暖心的问候，是一张张灿烂的笑脸。和谐犹如优美的音符，组成社会发展的美妙乐章。

04 找回最美乡村

森林学校里，樱桃老师在给小动物们上环保课，希望每个同学都能成为"环保小卫士"。

小闪电和小樱花最会动脑筋，他们编了一首《环保拍手歌》："你拍一，我拍一，青山绿水我爱你。你拍二，我拍二，空气清新没异味儿。你拍三，我拍三，花草树木种满山。你拍四，我拍四，多学环保小知识。你拍五，我拍五，树叶常绿鸟歌舞。你拍六，我拍六，水里鱼儿欢快游。你拍七，我拍七，少开汽车少废气。你拍八，我拍八，房前屋后开满花。你拍九，我拍九，垃圾分类不乱丢。你拍十，我拍十，争做环保小卫士。"

樱桃老师和小动物们纷纷为他们点赞。小猴乐乐灵机一动，说："咱们拍一个环保宣传片，给《环保拍手歌》配上美丽的风景，那不就更好了吗？"

小闪电和小樱花说："好呀！好呀！我们去美丽村拍摄！"他们背上相机，紧握项圈，念起咒语："叽哩叽哩咕，樱桃樱桃红——美丽村。"神奇的事情发生了，他们身上长出了翅膀，飞起来啰！

到了！到了！可是——可是——他们看到眼前的景象都惊呆了。这里的天灰蒙蒙的，树倒了，草枯了，花谢了，湖水干涸了，裸露的土地龟裂了。这还是传说中的美丽村吗？会不会走错地方了？他们正在疑惑，刚好有个人慢慢地走来，小闪电有礼貌地问："老爷爷，您好！请问这里是美丽村吗？"

老爷爷面无表情地看了他们一眼，只点了一下头，就自顾自地走开了。

又有一个人迎面走来了，小樱花赶紧跑过去问："您好！阿姨，美丽村怎么会变成这样了？"

那个阿姨眼神冷冰冰的，理也没理他们，就走开了。

他们又问了好多过路人，这些人不是愁眉苦脸，就是冷若冰霜。

这……这……这里的人们怎么了？这个村子怎么了？

这时，小樱花在空气中嗅了嗅，说："哥哥，我闻到一股怪味，这气味让人觉得心里很烦。"

小闪电也闻到了。他们沿着这个气味去找，一直找到了村东头的阁楼，怪味正是从阁楼里发出来的。但是楼梯已坏，他们上不去。于是他俩拉起手，把耳朵贴在一楼的柱子上，喊了一句："叽哩叽哩咕，樱桃樱桃红——魔法耳朵！"

顿时，他们听到柱子里传来嘈杂的声音——

"大王，您的身体越来越大了，您的能量也越来越强了，您已经把这个最美乡村变成最丑乡村了。"

"嘀嘀嘀，哈哈哈！"

"大王，我们的身体什么时候也能慢慢变大啊？"

"垃圾小妖们，不要着急，你们飞出去，把废气、黑烟、脏水、噪声、怪味、乱丢的垃圾，统统吸到肚子里。还有，遇到吵架的人、生气的人、烦恼的人，你们对着他们猛吸，他们的坏情绪就会变成我们的能量了！嗬嗬嗬！"

"大王，他们会不会来进攻我们啊？"

"哈哈哈，不可能，他们失去了美丽的村子，失去了所有的快乐，现在身上都是负能量了。除非他们能找到美好的东西，我们才会消失。不过，这里已经没有美好的东西啦，哈哈哈！"

啊，原来是垃圾妖怪们在捣鬼啊！怪不得美丽村变成了这样，人们都变得这么冷漠了。

怎么办呢？小闪电和小樱花挠挠脑袋，想不出办法来。

这时，他们看到一个孩子跑过来。

"啊，你们真可爱，我想跟你们做朋友！"这个孩子笑眯眯的，眼睛里似乎有星光在闪烁。

小闪电和小樱花真高兴，终于见到一个快乐的人了，连忙向他打听这个村子发生变化的原因。

孩子噘着小嘴告诉他们："现在村子里变得脏

今今的，大人们都变得很不快乐，因为嫌孩子吵，还把孩子都锁在了阁楼里。我是趁爸爸妈妈出门，偷偷溜出来的。"

哎，怎样才能找回美丽村呢？

小闪电和小樱花想起上次樱桃老师对他们说过："童心是最美的！"有了，他们想出办法了。

他们带着这个孩子唱起了《环保拍手歌》。被关在阁楼里的孩子们听到了他们的歌声，都打开天窗，一起唱了起来。慢慢地，大人们似乎想起了小时候的情景，也不由自主地跟着唱了起来："你拍一，我拍一，青山绿水我爱你。你拍二，我拍二，空气清新没异味儿。你拍三，我拍三，花草树木种满山。你拍四，我拍四，多学环保小知识。你拍五，我拍五，树叶常绿鸟歌舞。你拍六，我拍六，水里鱼儿欢快游。你拍七，我拍七，少开汽车少废气。你拍八，我拍八，房前屋后开满花。你拍九，我拍九，垃圾分类不乱丢。你拍十，我拍十，争做环保小卫士。"

奇迹出现了：在美妙的歌声中，天空中的雾霾慢慢散去了，蓝天白云回来了；枯树站直了，绿绿的叶子长出来了；美丽的花儿开放了，小草又变绿了；湖里的水慢慢地涨起来了，清亮亮、蓝莹莹的，似乎有无数星星在湖中跳跃，美丽极了。

"耶，美丽村回来了！"人们都欢呼起来，他们以后再也不会把最美乡村弄丢了！

"咔嚓，咔嚓！"小闪电和小樱花拍下了这美丽的景色和欢乐的人群。他们项圈上的第四个小铃铛变成金色的了。小铃铛上面有两个字闪闪发光，那就是"和谐"。

魔力樱桃的微心愿 4

> 天蓝蓝，水清清，
>
> 阳光照，万物生，
>
> 天地人，你我他，
>
> 笑颜开，真和美。

读写童话的微方法 4

画面前后有对比

嗨，大家好！我是"旅游达人"王淘淘。太好啦！最美乡村终于找回来了。樱桃老师，假期咱们一起去美丽村旅行吧！

好呀好呀！希望村民们以后能守护好美丽村，再不给垃圾妖怪们可乘之机！

淘淘，你能找出美丽村前后的变化吗？

我找到了！

以前："天灰蒙蒙的，树倒了，草枯了，花谢了，湖水干涸了，裸露的土地龟裂了。"

现在："天空中的雾霾慢慢散去了，蓝天白云回来了；枯树站直了，绿绿的叶子长出来了；美丽的花儿开放了，小草又变绿了；湖里的水慢慢地涨起来了，清亮亮、蓝莹莹的，似乎有无数星星在湖中跳跃，美丽极了。"

淘淘找得很对，这是两幅完全不同的画面。前后一对比，给人的印象特别深刻。

小朋友，你写童话故事的时候，也可以描绘有强烈对比的画面哦。

自由篇

自由是鱼儿在波澜壮阔的海洋里自在地遨游，自由是骏马在广阔的草原上尽情地奔跑，自由是鸟儿在蓝蓝的天空中快乐地翱翔。自由更是空旷的停车场内，爸爸可以任选一个位置，但是车子必须老老实实地待在车位里。孔子说过："……从心所欲，不逾矩。"自由是天空中闪亮的星星，伴随你我快乐前行。

05　小圣归来

　　咦，今天的这位游客真特别！他在网上购买了森林王国的参观券，还特别留言："不需要导游，不需要旅游攻略，我只想自己走走看看。"可是森林王国这么大，他会不会迷路？樱桃老师请小闪电和小樱花去找找他。

　　这位特别的游客在哪儿呢？幸好小闪电和小樱花有神奇的项圈。他们紧握项圈，念起咒语："叽哩叽哩咕，樱桃樱桃红——飞呀飞！"神奇的事情发生了，他们身上长出了翅膀，飞起来啰！

　　他们在空中一边飞，一边搜索。过了一会儿，他们发现竹林里有一个孤独的身影在徘徊，连忙降落到那身影前面。

　　"您好！我们是森林王国的小导游小闪电和小樱

花，您是那位特别留言的旅客吗？怕您迷路，特来看
看您。"他们热情地说。

游客停住了脚步，面无表情，用沙哑的嗓音说：
"迷路？怎么可能？我生在森林王国，长在森林王
国，这里的一草一木，我比你们更熟悉。"

"啊？您就住在森林王国？"

"唉，那是十年前的事了。那时的我活泼可爱，
身手敏捷，会表演口技、唱歌、跳舞等，是人见人
爱，花见花开的'森林之星'……"

"哦哦，我想起来了，您……您……莫非是我
爸爸最好的朋友猴小圣叔叔？"

"是呀！你们的爸爸是大耳？！"

故地重游，遇见好朋友的孩子，小圣虽激动万分，
但仍然面无表情，继续用沙哑的嗓音讲他的故事。

那是十年前，小圣、大耳还小，他们在森林王
国食草木，饮涧泉，采山花，觅树果，自由自在地
生活着。后来，有个贵妇人想让小圣当宠物，她告
诉小圣，她家里有享不完的荣华富贵，吃不尽的美

味佳肴。小圣心动了，尽管大耳再三劝阻，他还是跟着贵妇人走了。

从此，他住进了豪华的庄园，过上了富足的生活。但是，贵妇人要求他：住在这里，不能高声叫，不能放声笑，不能蹦来跳去，要像绅士一样温文尔雅；不能说猴语，必须学会用英语跟上流社会的人交流；不能随便吃东西，必须吃营养均衡的能量餐；不能独自跑到外面去，必须有两个保镖跟着；……

不能那样……必须这样……慢慢地，小圣发现自己不会跳了，不会唱了，不会流泪了，不会笑了，也闻不出各种气味了。他想回到森林王国，但是贵妇人没有亲人，把他当成自己的孩子疼爱着。直到前几天，贵妇人过世了，把所有的财产都赠送给了他。小圣成了庄园的主人，但他更想念森林王国了。于是，他就回来了。

听完了小圣的故事，小闪电和小樱花眼泪"哗哗"地流了出来。一阵风吹过，"沙沙沙"，竹子也流泪了。竹子的泪飘到了小圣的身上，不知不觉间，小圣感觉心头一热，眼眶湿润了，他居然流泪了！眼泪流到脸上，他竟然笑了。他忍不住抬起头，仰天长啸一声，声音是那么洪亮，一直传到很远很远的地方！啊，他的好声音也回来啦！

"是小圣！一定是小圣回来啦！"不一会儿，森林王国里年长的动物们都跑过来了，他们围着小圣又蹦又跳。

"小圣——"小闪电和小樱花的爸爸也闻声赶来了。

"小圣，你看这是什么？"大耳左手拿着一块树皮。小圣一把接过树皮，使劲一嗅，说："我闻到了，我闻到香味了，这是香杉，是我熟悉的味道，我的嗅觉恢复啦！"

大耳右手拿着一把松针，在小圣的身上挠痒痒，这是他们小时候常常玩的游戏。"哈哈哈，痒痒痒！"小圣一边笑，一边跳。"嗖——"他一下跳到了十几米高的树枝上，这下大耳没法挠他痒痒啰。

小圣轻盈地在树枝上蹦来跳去，快活地说："哈

哈，我又会跳了！我又会跳了！这是我们森林王国的松针，有九根针。小时候，大耳一用它挠我，我就会跳到树枝上……"小圣好像回到了童年。

小圣在枝头来了一个 360 度的空翻，然后轻巧地倒立在一根树枝上。好棒啊！"我已经好多年没有这么笑啊，叫啊，跳啊！我以为我再也找不回这些本领了。"小圣在枝头说。

"小圣，小圣，你还回你的豪华庄园吗？"下面的动物们问。

"不回了，不回了，我要跟朋友们在一起，自由地呼吸森林王国的空气！"小圣笑眯眯地说。

"哥哥，以后我也不要住那样的庄园，我也要在森林王国，自由呼吸，自由歌唱！"小樱花对小闪电说。

"Me too！（我也是！）"小闪电点点头。他们的项圈上，第五个小铃铛变成金色的了。小铃铛上面有两个字闪闪发光，那就是"自由"。

魔力樱桃的微心愿 5

> 小鸟儿，高声唱，
>
> 小骏马，快乐奔，
>
> 小鱼儿，尽情游，
>
> 自由长，心欢畅。

读写童话的微方法 5

大故事里藏着小故事

哇！十年前的小圣，活泼可爱，身手敏捷，会表演口技、唱歌、跳舞等，真是人见人爱，花见花开的"森林之星"……要是我能拜他为师，向他学几招，那就好啦！

哈哈，淘淘又有新的"偶像"了。

这个故事有意思吧。小圣回忆起十年前的事情，有从前和大耳在一起玩的快乐，还有在豪华庄园里的不自由……大故事中藏着一个个小故事呢！

我喜欢这样的故事。

我看过的《小王子》也是这样的。飞行员遇到了小王子，小王子给他讲了从自己的星球出发，前往地球的过程中所经历的各种事情。

是啊，还有《一千零一夜》，讲的就是一个聪明的姑娘给国王讲各种故事。

小朋友，你以后写童话故事的时候，也可以用这个方法哦，在大故事里藏小故事。你可以写回忆的小故事，也可以插入另外的小故事。

平等篇

平等就像大海里的每一滴水，不分彼此，都享受着海的拥抱；平等也像草原上的小草，尽管形态、颜色各不相同，但都享有阳光的沐浴、雨露的滋润；平等就是我们来自不同家庭，在同一片蓝天下幸福成长。让我们用平等的心态看世界，相互理解，相互尊重，让爱融入大家庭，让我们的生活变得更美好！

06 "黑女巫"变形记

晚上，月亮升起来了，森林王国披上了一层银纱，显得宁静又神秘。小闪电和小樱花第一次跟着大象队长在夜间巡逻，心里又兴奋又紧张。

他们一直巡逻到了山脚下。"大象队长，那边是传说中的黑女巫的屋子，我们不要过去了吧？"小樱花指了指不远处的山脚下，害怕地说。

只见一座土墙木柱、用树皮竹筒做瓦的吊脚楼依山而建，在夜色中就像一只张开大口的巨兽蹲在那里。凉凉的夜风中，一阵幽幽的歌声断断续续地飘来："黑森森的夜哎冷飕飕的风……孤单单的梦哎阴沉沉的心……"还有怒吼声、嘶叫声、婴儿的啼哭声隐隐传来……

月亮吓得躲进了云里，连大象队长都觉得头皮一阵阵发麻，他打算带着兄妹俩离开。突然，小闪电和小樱花的鼻子抽动了几下："不好，大象队长，有一股浓浓的焦味，正是从吊脚楼的方向传来的。"他们一抬头，只见火光从吊脚楼的房顶上蹿了出来。

"救命啊！着火啦！"尖锐的呼救声、沉重的吼声和凄厉的猫叫声划破了夜空。

救吗？救吗？？小闪电和小樱花胆怯地看着大象队长。大象队长不假思索地说："救！樱桃老师告诉我们——众生平等，哪怕他们是妖怪，我们也要救他们。"他二话没说，用鼻子从旁边的水塘里吸足了水。小闪电和小樱花连忙摘了几片大叶子，跳到水塘里，湿漉漉地爬上来，跟着大象队长一起向吊脚楼冲去。

吊脚楼里面烟雾弥漫，火苗狂舞。大象队长的鼻子喷出水柱，小闪电和小樱花拿着湿漉漉的大叶子使劲扑火，终于把火扑灭了。

他们这才看清，吊脚楼里有一个黑黑的长发女人，一头黑乎乎的单眼熊，还有一只三条腿的小黑猫。长发女人把头发稍稍撩开了点儿——

她脸上布满了深深的皱纹，就像千年的老树皮一样，伸出的手像老鹰的爪子，指甲很长很长。

"黑女巫！"小闪电和小樱花顿时感觉背上凉凉的。长发女人见他们神情紧张，说："谢谢你们救了我们。不要害怕，我们不是妖怪。"奇怪，她的声音就像百灵鸟的声音那样清亮，跟她的外貌有着天壤之别。

长发女人叹了口气，又说："我曾经是村里最漂亮的瑶妹子，会唱许多好听的歌。可是有一次，我不小心吃了一朵五彩斑斓的蘑菇，就变成这个样子了。村里人把我当成黑女巫赶了出来，我只好住进这个破旧的吊脚楼中。"

单眼熊在一旁瓮声瓮气地说："我年纪大了，有一只眼睛受伤后看不见东西，被同伴赶了出来，有一天晚上在吊脚楼下昏倒了，是瑶妹子救了我。"

三脚猫尖声尖气地说："我失去了一条腿，被主人抛弃了，到处流浪，后来瑶妹子收留了我。"

　　小闪电和小樱花听了他们的话，流下了同情的眼泪："他们这样对你们，太不公平了！"

　　瑶妹子说："哎，大家都讨厌我们，我们三个只好远离大伙，相依为命。如果谁靠近吊脚楼，我们就故意发出怪声，唱可怕的歌吓退他们。刚才我们想煮点儿食物，不小心把火引着了。幸亏有你们相救，谢谢。"

　　大象队长想了想，说："所有的生命都是平等的，你们也有权利享受快乐。瑶妹子，我听樱桃老师说，你只要用清晨草尖上的露珠洗脸，洗七七四十九天，容貌就会恢复了。"

　　瑶妹子的眼睛里仿佛有了星光，可是"星光"马上就暗了。她怎么敢在白天出去呢？大伙儿一见到她，就会叫她"黑女巫"，要驱赶她。

　　小闪电和小樱花想了想，说："我们请樱桃老师帮你想办法，明天清晨我们来接你。"

　　第二天，晨曦微露，小闪电和小樱花拖着一个大包袱来到吊脚楼。他们给瑶妹子戴上樱桃老师的花香羽帽，戴上美丽的面具，穿上漂亮的裙子，戴上雪白的手套。小樱花还给瑶妹子编了一条好看的长辫子。哇，"黑女巫"变身啦！他们把瑶妹子带到草地上，帮她采了草尖上的露珠。瑶妹子一边洗脸一边唱："咿呀哟，草尖尖，鲜嫩嫩，露珠儿，亮闪闪，哟嗨哟嗨，瑶妹子，洗把脸，眼里笑，心里暖……"

哇！听到这婉转的歌声，花儿笑了，草儿起舞了，小鸟都飞过来轻声应和。

就这样一连洗了七七四十九天，瑶妹子变了，眼睛黑亮黑亮的，像清泉；皮肤雪白雪白、水嫩水嫩的。变美了的瑶妹子和单眼熊、三脚猫还住在山脚的吊脚楼里。每天清晨，瑶妹子都会沐浴着晨光唱起歌："清清的水哟，绿绿的山，红霞哟万朵哎映朝晖……"单眼熊击掌，三脚猫伴舞。

小动物听得醉了，人们听得笑了。慢慢地，吊脚楼的边上建起了许多新的吊脚楼，瑶族的阿哥和阿妹都来了，他们表演着上刀梯、坐歌堂，介绍着

"女婿男嫁"的习俗，请游客品尝醇香溢美的"瓜箪（dān）酒"和令人回味无穷的山珍……这儿成了风格独特的"瑶族风情园"。

游客们最喜欢听瑶妹子唱歌了。唱完后，瑶妹子会带着大家一起唱这首歌："每种色彩都应该盛开，别让阳光背后只剩下黑白，每一个人都有权利期待，爱放在手心跟我来，这是最好的未来，我们用平等筑造完美现在……"

"好听！好听！众生平等，共享阳光，共创幸福。"小闪电和小樱花笑了，他们的项圈上，第六个小铃铛变成金色的了。小铃铛上面有两个字闪闪发光，那就是"平等"。

魔力樱桃的微心愿 6

> 小天平，称一称，
>
> 左和右，正平衡，
>
> 人与人，要平等，
>
> 互尊重，齐步行。

读写童话的微方法 6

这里的场景会说话

啊，我的天呀，刚才真是吓死我了！"（吊脚楼）在夜色中就像一只张开大口的巨兽蹲在那里。凉凉的夜风中，一阵幽幽的歌声断断续续地飘来……还有怒吼声、嘶叫声、婴儿的啼哭声隐隐传来……"

童话故事里的场景会说话。这段场景描写好像在对我们说："可怕！真可怕！"预示着后面发生的事情是令人害怕的。

淘淘，你还听到哪些场景在说话呢？

有的，有的，我又找到一处——

"哇！听到这婉转的歌声，花儿笑了，草儿起舞了，小鸟都飞过来轻声应和。"

这个场景跟刚才不一样了，好像在对我们说："开心，真开心！"这预示着后面发生的事情应该是令人开心的。

淘淘真聪明。不同的场景预示着不同的故事发展。当要写令人高兴的故事时，你可以写小鸟唱歌、小花微笑；当要写可怕的事情时，你可以把周围的景色也写得阴森森的。

小朋友，你写童话故事的时候，也可以让场景开口说话哦。

公正篇

公正是一架天平，它保持着左右两边的平衡；公正也是一轮太阳，既照耀着雄伟壮丽的高山大河，又不曾忘记那一个个幽深险峻的峡谷、一条条平淡无奇的小溪；公正是庄严法庭上的法槌，保护每一个守法的公民，也严惩任何一个犯法的人。公正让社会变得更加风清气正，让人们生活得更加幸福甜蜜。

07 超能勇士 PK 赛

今天森林学校要举行"超能勇士 PK 赛"。樱桃老师把小动物们分成了"红彤彤队"和"绿油油队"。红彤彤队的队员脖子上围着红色的领巾，队长是小豹子。绿油油队的队员脖子上围着绿色的领巾，队长是小闪电。

出发前，狮王狮帅帅上台讲话："为了培养你们的野外生存能力，磨炼你们的意志，今天，'超能勇士 PK 赛'的内容是攀登天柱峰！记住，这是一场公正公平的比赛，大家一路上会遇到许多困难，要靠自己的体力和毅力去战胜困难，取得成功。小勇士们，你们有信心吗？"

"有！"红彤彤队的声音特别响亮，谁都知道，他们的队长小豹子可是野外生存的高手，这次 PK 赛他们胜券在握。

攀登天柱峰可是最神秘、最奇异、最有挑战性的活动啦！天柱峰是森林王国中最高的山峰，它究竟有多高，谁也说不清，大家只知道森林王国流传着这样一首童谣："天柱峰，高又高，扯朵白云当小帽。天柱峰，高又高，神仙飞来歇歇脚。"天柱峰的最高处，谁也没有爬上去过，据说连鸟儿也没有飞上去过。

本次"超能勇士PK赛"，红彤彤队和绿油油队将分别从两个方向出发，哪个队先到达最高峰的脚下，哪个队就获胜，获胜队的队员都能得到一枚象征森林王国最高荣誉的狮王勋章。

绿油油队在小闪电的带领下，很快来到了山脚。哇！这儿真美，树绿绿的，草青青的。草丛中星星点点的小野花还散发着清香呢！树上的小鸟"啾啾"地唱着歌。

他们开开心心地向山上爬去。谁知越走天气越热，路边的树好像都燃烧了起来。路面滚烫滚烫的，

脚都没法沾地了。"呼哧呼哧"，小闪电和小樱花不住地伸着舌头。小动物们个个汗如雨下，感觉热得都要熔化了。这时，一声巨响从他们头顶传来："要想过我旱魔的地盘，必须坚持走完九十九步！哦哈哈……"

"啊？呼呼，热死了，热死了！小闪电，你们不是有魔力项圈吗？快，快带我们离开这个鬼地方！"胖胖猪一边喘气一边说。

小闪电摇摇头，说："不行！这是一次公平公正的比赛，我们要靠自己的能力战胜困难。大家跑快一点儿，脚掌接触地面的时间少了，就不会感觉那么热了！"

小动物们飞快地跑了起来。慢慢地，周围凉爽起来了。啊，大伙儿已经顺利通过了旱魔的地盘。

他们继续向山顶爬去。谁知，天气越来越冷了，北风呼呼地刮着，天空中飘起了雪花，路面结冰了，树木都冻死了。小动物们冷得不住地打哆嗦。这时，寒风中传来一声狂吼："要想通过我冰怪的地盘，必须坚持十五分钟！"

"小樱花，快用你的魔力项圈带我们离开吧，求你啦！求你啦！我都快冻成冰棍了。"小樱花的好朋友猫小花不住地恳求她。

小樱花对猫小花和大伙儿说："这是一次公平公正的比赛，我们靠自己的毅力，一定能战胜困难。大家动起来，不要停下，来跳'啦啦操'吧！"他们起劲地跳了起来，越跳越热。十五分钟到了，四周传来"咔啦咔啦"的声音，顿时冰融了，雪化了，冰怪逃走了，山上又变成一个鸟语花香的世界了。

小动物们眼前一亮，看到了一座高峰，峰顶之上挺立着巨石，在金色的阳光中熠熠生辉。他们正要向山顶爬去，突然，起雾了，前方都变得灰蒙蒙的，看不清方向，只有一条下山的路清晰地出现在他们身后。不好，碰到雾妖了。怎么办？

这时，雾中隐隐约约地出现了一个美丽的身影，她穿着绿色的长裙，长裙上面开满了五颜六色的花朵。她在雾中用充满诱惑的声音对小动物们说："跟

我走吧！把你们的能量交给我！我为你们指一条美丽的小路，能帮你们避开雾妖的地盘，你们将战胜红彤彤队，获得狮王勋章……"

小动物们情不自禁地要跟着她走进雾中。小闪电和小樱花定了定神，大声说："汪！汪汪！不能跟她走，她就是雾妖，这是一次公平公正的比赛，我们要靠自己的力量取胜。"小动物一听，停住脚步，雾妖的身影就消失了。

小闪电和小樱花用耳朵贴着地面，仔细倾听，听到左前方传来"叮咚叮咚"的溪水声，他们循着溪水声在雾中摸索着。终于，雾散了，他们清楚地看到眼前有一座巍峨的山峰，它向着蓝天高高地耸立着，旁边飘着朵朵白云。"耶！我们成功啦！！"绿油油队的小动物们欢呼起来。

瞧，红彤彤队！他们早已到了目的地，但一个个脸色苍白，有气无力地躺在地上，身体瘦弱得像纸片人。怎么回事啊？

这时，狮王威严的声音响起："下面我宣布比赛结果。红彤彤队虽然先到达目的地，但是把自己的能量出卖给了雾妖，被取消比赛资格。绿油油队坚持公平公正地比赛，靠自己的力量战胜困难，取得成功。绿油油队的队员获得狮王勋章！"

　　"耶！"绿油油队欢呼雀跃。小闪电和小樱花笑了，他们的项圈上，第七个小铃铛变成金色的了。小铃铛上面有两个字闪闪发光，那就是"公正"。

魔力樱桃的微心愿 7

> 公正心，像明灯，
> 照亮你，照亮我；
> 不徇私，守正规，
> 行正道，扬正气。

读写童话的微方法 7

就是让你想不到

啊哦，我和雪雪打赌失败了！

我以为红彤彤队肯定能打败绿油油队。

"谁都知道，他们的队长小豹子可是野外生存的高手，这次 PK 赛他们胜券在握。"

结果太出乎我的意料了。

哈哈，这样的童话故事才吸引人呀！
故事的情节就是要让你想不到。

嗯嗯，虽然我猜错了结局，但这个故事把我深深吸引住了。绿油油队通过自己的努力战胜了旱魔、冰怪、雾妖。红彤彤队却为了取胜出卖了自己的能量，不失败才怪呢！

这个故事的结局出乎意料，但是又合情合理哦。
小朋友，你写童话故事的时候，也可以让故事的情节大反转。弱的变强，坏的变好，丑的变美，是不是很有意思呢？

法治篇

法治是遵守法律法规，依法治理国家。就像火车，无论行驶得多快，都必须在轨道上奔驰；飞机无论飞得多高，都不能忘了航线；轮船无论航行到哪里，都不能不顾航标。只有遵守各自的法则，才能获得足够的自由与安全，所以，无论何时何地，我们的言行都要规范有度。人人讲法治，社会更和谐。

08　神秘山谷治赤龙

　　森林王国的天柱峰向北三十里，有一个神秘的山谷，那里是一大片荒地，没有一棵树，也没有一株草，只有无数奇形怪状、大小不一的石头。这个地方叫什么？这些石头从哪里来？谁也不知道，森林王国的史书上也没有记载。

　　樱桃老师觉得这些石头肯定有秘密，说不定还能将神秘山谷开发成一个旅游胜地呢！于是，小闪电和小樱花决定去那里考察一番。兄妹俩紧握项圈，念起咒语："叽哩叽哩咕，樱桃樱桃红——神秘山谷！"神奇的事情发生了，他们身上长出了翅膀，飞起来啰！

　　小闪电和小樱花慢慢地降落在神秘山谷。四周没有一点儿声音，无数的石头静静地堆积着。旁边有一个水塘，里面的水黑黑的，水里没有鱼虾，风吹过，水面也不会起波纹。这里的一切就像沉睡在千年不醒的梦中。

兄妹俩这儿看看，那儿嗅嗅。小樱花说："哥哥，你不觉得这些石头的样子很奇怪吗？别的地方的石头不是长长的，就是方方的，或者圆圆的，这儿的石头好像都有自己的样子。"

小闪电仔细地看了看，若有所思地说："是呀，这些石头有的像驰骋的战马，有的像威风凛凛的将军，还有的好像是……古代的各种乐器。"

这时，小闪电又发现脚下有很多石头像巨大的骨头。啊，骨头可是他的最爱。"哦，香喷喷、脆生生的骨头，我来啦！"小闪电口水都涌上来了，忍不住低头啃了啃"骨头石"。

哎呀！不好！忽然眼前一道强光闪过，四周变得阴森森的。"唰啦啦！"那些"骨头石"都动了起来，还在他们四周飞舞。

耳边传来闷雷般的声音："嘿，谁让你们闯进我的地盘，还敢啃我的骨头！真是狗胆包天！"

"你，你，你是谁？"小闪电和小樱花吓得声音都在发抖。

"反正你们也走不出这个魔石阵，我就告诉你们吧！四千多年前，我乃一方霸主——赤龙，每天过着逍遥自在的生活，天下的百姓都得孝敬我，谁敢对我不敬，我就消灭谁！后来，一个叫舜的人来找我的麻烦，尤其是他手下有一个叫皋陶（gāo yáo）的司法首领，说我侵害百姓，违反法律，判我斩刑。可恶的舜取来九井之水磨砺宝剑，把我斩了。我的五十四块骨头就留在了这里。只要谁啃一下我的骨头，我就会复活。我一直等了四千多年，以为再也没有复活的机会了。今天终于被我等到啦！黑水塘里的水就是我的血液，我要把它吸入体内。再过三个时辰，我就能重新成为一方霸主啦，哈哈哈——"

赤龙的话音刚落，只见黑水塘里猛地蹿起一道黑色水柱，朝着空中飞舞着的一块龙头般的巨石射去。不好，这是赤龙在吸入血液！

　　小闪电和小樱花不知怎么办，急得团团转。突然，他们想起上次穿越到舜帝时期，听到过一首民谣："舜帝临，奏《韶乐》，众百姓，守法律。孽赤龙，祸众生，依《刑典》，判斩刑！"

　　兄妹俩轻声唱着这首民谣，瞬间，那些像古代乐器的石头就发出了洪亮的乐声。钟磬咚咚，琴弦铮铮，玉笛悠扬……庄严雄浑的旋律在山谷里回荡。

　　不远处有块巨大的石头，就像一个威风凛凛的巨人，旁边的石头像一只独角兽。一听到乐声，他们就复活了。原来他们就是舜帝时期的司法首领皋陶和神兽獬豸（xiè zhì）。皋陶庄严地说："赤龙复活，祸乱世间，找到《刑典》，依法判刑！"可是，《刑典》在哪儿呢？只见神兽獬豸开始用独角在地上钻了起来，但是土地已经尘封了四千多年，无比坚硬，獬豸钻了很长时间，才钻开了一点点。小闪电和小樱花猜到獬豸肯定是在找《刑典》，连忙跑过去帮助它。

　　小闪电和小樱花用爪子使劲地刨地。他们刨呀

刨，一个时辰，两个时辰，獬豸的独角断了，小闪电和小樱花的爪子上都是斑斑血迹，他们累得筋疲力尽。眼看三个时辰就要到了，黑水塘里的水越来越少，石头在空中飞舞得越来越快。最后时刻，小闪电和小樱花刨到了一块树皮，上面写着"刑典"。獬豸的眼睛一亮，用断了的独角挑起树皮，树皮从泥土中飞出，飞到了皋陶的手上。

皋陶捧着《刑典》，庄严地说："依《刑典》，判罪行，孽赤龙，当受死，永无赦！"

只听得远处传来"哗啦啦""哗啦啦"几阵巨响，空中乱飞的石头纷纷坠地，而且都钻入泥土不见了。黑水塘里的水又满了，而且都变得清亮亮的。小闪电和小樱花连忙感谢他依法惩治了赤龙。

皋陶说："维护法纪，依法治理乃是我的职责。以后你们遇到不法之人、不法之事，只要到神秘山谷，唱起刚才的民谣，我和獬豸就会复活，帮助你们。"

小闪电和小樱花笑眯眯地说："谢谢皋陶大人，

我们森林王国就有森林法官，他们都把您当成偶像，像您一样依法治理。我们有《小动物保护法》，大家都遵纪守法，快乐生活。"

"那就好！那就好！我们去也——"乐声渐渐小了，皋陶和独角兽獬豸变成了巨石。

小闪电和小樱花跑出神秘山谷，回头望望，咦？他们身后，原先的神秘山谷不见了，映入他们眼帘的是一个鲜花盛开、莺歌燕舞的百花谷。他们开心地回去了，项圈上的第八个小铃铛变成金色的了，上面有两个字闪闪发光，那就是"法治"。

魔力樱桃的微心愿 8

> 你拍一，我拍一，
>
> 依法治理人人喜；
>
> 你拍二，我拍二，
>
> 遵纪守法好少儿。

读写童话的微方法 8

想象的翅膀飞起来

神秘山谷的石头真是奇形怪状，有的像驰骋的战马，有的像威风凛凛的将军，还有的好像是……古代的各种乐器，很多石头又像巨大的骨头。

故事就从这些奇怪的石头开始。张开想象的翅膀飞起来——

赤龙复活了，魔石阵发动了，皋陶和獬豸复活了，《刑典》出现了……

樱桃老师，我太佩服您了！

您根据石头的形状展开想象，变出了一个个人物，再把这些人物联系起来，就变出了惊险又刺激的故事。我最喜欢这样的故事了。

写童话故事，离不开想象。

你可以根据眼前的东西展开想象，也可以天马行空、自由自在地想象。

小朋友，写童话故事的时候，试着张开想象的翅膀飞起来吧！

爱国篇

樱桃老师的魔法故事 9

爱国是最美好的情感。那迎风飘扬的五星红旗就是祖国母亲对我们深情的召唤、殷切的期待；在那雄壮的《义勇军进行曲》中，无数的中华儿女用他们的汗水、智慧、生命保卫祖国、建设祖国。爱祖国，从身边小事做起，爱家人、爱学校、爱家乡，就是爱祖国。

09　古樟树下过大年

“过年啦——”

“过年啦——”

森林王国的古樟树下特别热闹，因为今年的“森林春节联欢晚会”就在这儿举行。这棵古樟树高三十多米，枝叶向四面展开，像一把绿色的巨伞。树干又粗又壮，要十多个大人才能合抱。古樟树有多少岁了呢？森林里最年长的龟爷爷说：“我的爷爷的爷爷的爷爷……曾在树下散过步，古樟树爷爷少说也有一千多岁了哦！”

白天，樱桃老师带着小动物们把古樟树爷爷打扮一新。雪花姑娘被请来了，她飘呀飘呀，给古樟树爷爷披上了银装。雪白的树冠上系了一个火红火红的中国结，银色的树枝上挂着一串串红灯笼，粗粗的树干上围着一条条亮亮的彩带。每一个小动物见了都夸："古樟树爷爷好漂亮哦！"古樟树爷爷听了，"呵呵呵"地笑呢！

夜幕早早降临了，晚会的时间还没到，小动物们去哪儿了？哦，原来他们都到古樟树旁的森林学校里去了。此刻，这里灯火辉煌、喜气洋洋，小动物们在吃年夜饭。这时，一个戴着红帽子，长着白胡子，穿着红衣服、红裤子、红靴子的老人走了进来。这，这不是圣诞老人吗？

小闪电和小樱花连忙迎上去，说："圣诞老人，您好！圣诞节已经过了，您怎么才来？"圣诞老人说："我不是为圣诞节而来的，我想和你们一起过中国的节日！瞧，我还特意买了一套中国的传统服装呢！""好呀好呀！欢迎您跟我们一起过春节！"转眼间，圣诞老人就换上了唐装，哈哈，看起来挺有范儿的。

热气腾腾的饺子上桌啦！厨师把各种吉祥的东西包到馅儿里，以寄托对新的一年的祝福。龟爷爷

吃到了"花生"，那是祝他健康长寿的；小闪电吃到了"葱"，那是祝他聪明可爱的；猴小圣吃到了"糖"，那是祝他生活甜蜜的……圣诞老人吃了各种各样的饺子，吃得乐哈哈、肚子圆鼓鼓的，一个劲儿地说："中国的美食真好吃！"

"当当当！"八点整，古樟树下的铜钟响了。开心的锣鼓敲起来，喜庆的歌儿唱起来，"森林春节联欢晚会"开始啦！节目真精彩呀！猴小圣带着一群小猴子表演武术《猴王出世》，大耳唱起了他最拿手的歌《唱脸谱》，小鸟合唱团唱起了《读唐诗》……其中小闪电和小樱花表演的节目最吸引人了，只见灯光变幻出迷人的色彩，古樟树下的水池里，水仙花慢慢地探出头来，绽放笑脸。每一朵水仙花闪闪发光，花瓣上印着一个个中国传统节日，有春节、元宵节、端午节等。小闪电和小樱花在花朵旁跳起了舞，唱起了歌：

小孩小孩你别馋，过了腊八就是年。

贴窗花，点鞭炮，回家过年齐欢笑。

摇啊摇，看花灯，我们一起闹元宵。

清明节，雨纷纷，大地开始冒春苗。

赛龙舟，过端午，粽子艾香满堂飘。

盼啊盼，过七夕，牛郎织女会鹊桥。

中秋节，杏儿肥，十五月圆当空照。

重阳节，要敬老，转眼又是新春到。

年年岁岁，岁岁年年，福星高照。

"唱得好！唱得好！"观众们都发出赞叹声。圣诞老人笑呵呵地说："中国的传统节日真不少！中国的春晚节目真是妙！"

最后一个节目是"幸运大抽奖"！小闪电和小樱花抽到一张纸条——"祝你中奖！做出彩的中国娃！"哈哈，他们中了大奖，奖品是一个大大的福袋，里面有中国的传统服装——汉服和唐装，中国的传统玩具——布老虎、拨浪鼓、小糖人等，还有中国的传统美食、中国的传统故事……

小闪电和小樱花想了想，把这个福袋送给了圣诞老人："圣诞老人，下一个圣诞节的时候，请您带上这个福袋，把里面的礼物送给世界各地的小朋友，让全世界的小朋友都来了解中国，喜欢上中国。"

圣诞老人笑呵呵地说："好！好！你们真是两个爱国的好娃娃啊！我一定把你们的礼物送出去！"

小闪电和小樱花笑了，他们的项圈上，第九个小铃铛变成金色的了。小铃铛上面有两个字闪闪发光，那就是"爱国"。

魔力樱桃的微心愿 9

> 大中华，我的家，
>
> 中国娃，热爱她。
>
> 学知识，练本领，
>
> 争朝夕，齐奋发。

读写童话的微方法 9

"C位明星"亮晶晶

"森林春节联欢晚会"真热闹啊！我也好想参加哦，我想吃热腾腾、香喷喷的饺子，还想参加"幸运大抽奖"，最想看精彩的节目。

小哈，那么多精彩的节目，你印象最深刻的是哪一个啊？

当然是小闪电和小樱花表演的节目最吸引人了。他们就是"C位明星"，闪闪发亮呢。

对，他们就是童话故事里的主角。所以，樱桃老师给了他们特写镜头，重点写他们怎么说、怎么做。这样他们给人的印象就特别深刻了。

小朋友，你在写童话故事的时候，也可以确定"C位明星"，着重写他，这样"C位明星"就会在读者的脑海里闪闪发亮了。

敬业篇

敬业是认真负责的态度，脚踏实地的作风，一丝不苟、精益求精的工匠精神；敬业是蜜蜂采得百花酿甜蜜，任劳任怨；是老师如辛勤的园丁一般，培育祖国的花朵，无怨无悔；是白衣天使救死扶伤，夜以继日；是科学家探索奥秘，废寝忘食……

10 厨神争霸赛

"森林厨神争霸赛"开始啦！每位选手都要做一桌菜，请专家评委和群众评委品尝、打分。小闪电和小樱花是本次活动的特约小记者。哈哈，他们还可以一饱口福呢！

第一位选手上场。他是来自鼎鼎大名的"千里香大酒店"的首席大厨师——熊大叔叔。熊大叔叔好有范儿，他带来一群小熊熊。他数"1"，小熊熊们齐刷刷地穿上雪白的厨师服，戴上高高的厨师帽。他数"2"，小熊熊们开始切菜，"咔咔咔——""嚓嚓嚓——"。他数"3"，小熊熊们退场，分立两旁——熊大厨师闪亮登场了。黑黑的铁锅支起来，熊熊的大火烧起来，大大的锅铲举起来，抛菜、颠勺、翻炒……熊大厨师烧菜简直像表演杂技似的。

不一会儿，空气中香味弥漫。"哇，好香！好香！"菜还没出锅，大伙儿都馋了。一群小鸟"扑通扑通"掉到草地上，因为他们光顾着闻香味，忘记扇动翅膀了。熊大厨师见状，得意扬扬地笑起来："没有真功夫，咱怎么敢说自己来自'千里香大酒店'呢？！"

第二位选手上场。只见一个硕大的花蕾慢慢飘过来了，随着一阵美妙的音乐响起，花蕾绽放了。原来是"万紫千红西餐厅"的金牌面点师——孔雀哥哥。他戴上透明的手套，一会儿在食材上放几片花瓣，一会儿用水果雕几片树叶……哇，摆上桌的哪是菜呀？分明是一朵朵怒放的"鲜花"，五彩缤纷，美丽极了！小蜜蜂都飞来"采蜜"了。孔雀哥哥摆了个迷人的姿势，优雅地说："万紫千红总是春，请大家慢慢欣赏吧！"

第三位选手是谁呢？只见花猫奶奶慢慢地走了过来，她围着洗得发白的花围裙，说："我没有多大的能耐，只会做家常菜。我请不起助手，一个人在山脚下开了一家小店，叫'花猫奶奶的店'，那

是我的曾曾曾曾祖母留下来的店。我做菜的手艺，也是一代一代传下来的……"花猫奶奶一边跟大伙儿拉家常，一边不停地忙活。不一会儿，一桌家常菜就做好了。

"好，下面有请专家评委和群众评委品尝美食，为三位选手打分。"

这可把大伙儿乐坏了，有的细细品，有的大口尝，"太好吃了，太好吃了，色香味俱全，回味无穷啊！三位选手都应该得满分！"大伙儿纷纷点赞。

正在这时，专家评委八戒哇哇大哭起来。怎么啦？怎么啦？大伙儿连忙围上去，只见八戒手上拿着花猫奶奶做的面饼，他刚刚咬了一口含在嘴里，说："吃着花猫奶奶做的……面饼……我……我想起了妈妈，这是……妈妈的味道！"大伙儿听了都去细细品尝面饼。

"我尝到了春天的味道。"

"我尝到了童年的味道。"

"我尝到了梦想的味道。"

......

大伙儿都从花猫奶奶做的面饼中找到了自己想要的味道。最后，花猫奶奶获得了"森林厨神"的称号。

小闪电和小樱花顾不上品尝美食，连忙去采访花猫奶奶："花猫奶奶，祝贺您获得'森林厨神'的称号，请问您做菜有什么秘诀呢？"

花猫奶奶笑着说："呵呵，有什么秘诀呢？做菜就像做人一样，每一步都要脚踏实地。比如说，做面饼，必须要用月亮湖的水和面，先朝同一个方向搅拌九十九下，然后再使劲揉面团，揉啊揉，揉九百九十九下，一下也不能少，不能偷懒，不能取巧。你少揉几下，别人可能是吃不出差别的，但是你的心知道。"

小闪电连忙记下："花猫奶奶的秘诀——脚踏实地，不偷懒，不取巧。"

小樱花问："花猫奶奶，为什么大家会从您做的面饼中吃到各种味道呢？请问您在里面放了什么？"

"呵呵，放了什么？没有啊，我只知道，我在做每一个面饼的时候都很用心。手里捏着这一个面饼，心里想着：如果小姑娘吃到这个面饼，就祝福她像花儿一样漂亮；如果小男孩吃到这个面饼，就祝福他像小树一样健壮；如果老人吃到这个面饼，就祝福他健康长寿……这样，我就越做越开心。"

小樱花点点头，说："哦，花猫奶奶，原来您把爱和祝福都放进了面饼里面，怪不得大家都吃到了自己想要的味道。"

小闪电连忙记下："花猫奶奶的秘诀二——用心工作，很投入，很快乐。"

小樱花竖起大拇指，说："花猫奶奶，您就是樱桃老师让我们找的最敬业的人。"

花猫奶奶笑了笑，说："其实，你们的身边有许多敬业的人，比如你们的老师辛勤地培养学生，比如你们的爸爸妈妈起早贪黑地工作，比如熊大叔叔和孔雀哥哥把菜做得这么好，再比如你们两个小

家伙，樱桃老师交给你们的任务，你们都能认认真真地完成。花猫奶奶要为你们点赞呢！呵呵！"

小闪电和小樱花开心地笑了，他们要回去写报道了。脚踏实地，用心工作，耶！他们的项圈上，第十个小铃铛变成金色的了。小铃铛上面有两个字闪闪发光，那就是"敬业"。

"
小蜜蜂，爱劳动，

采花粉，酿蜜忙，

干一行，爱一行，

用心做，喜洋洋。
"

读写童话的微方法 10

"三"字里面的小秘密

"厨神争霸赛"简直就是"美食大聚会"，太吸引人啦！

樱桃老师，我也要当"特约小记者"，我要去"一饱口福"。

哈哈，看来小哈是个资深小"吃货"哦。小哈，樱桃老师考考你，这个故事写了几位厨师来参赛？他们总共做了几桌菜？

这个问题太简单了。不就是三位大厨嘛："千里香大酒店"的首席大厨师——熊大叔叔，"万紫千红西餐厅"的金牌面点师——孔雀哥哥，自己开店的花猫奶奶。他们总共做了三桌菜。

三位厨师，三段故事，"三"字里面可是有小秘密的哦。小蝌蚪三次找妈妈，《西游记》中有"三打白骨精""三借芭蕉扇""三探无底洞"的故事，这叫"反复"结构。

小朋友，你写童话故事的时候，也可以用用"三"字里面的小秘密，写三个有点儿像的小故事。

诚信篇

樱桃老师的魔法故事 11

诚信是中华民族的传统美德。诚信是"言必信，行必果"，答应别人的事情一定要做到；诚信是"君子爱财，取之有道"，诚实经营，不以次充好，不欺骗他人；诚信是做错了事不欺瞒，勇于承担责任……诚信是一座桥，让人们互相沟通；诚信是夜空中闪烁的北斗七星，指引你、我、他走向成功。

11 彩虹树的惩罚

天气真好，小闪电和小樱花迎着朝阳，正在锻炼身体呢！

妈妈在家门口喊："小闪电、小樱花，快回来吃早饭，待会儿咱们一家人去参加一年一度的'森林狂欢节'！"

"耶！"小闪电和小樱花一边跑一边兴奋地聊天。

"我知道森林的东边是美食一条街，那是我最爱的地方！"小闪电说。

"嗯，我知道森林的西边是时装一条街，那是我最喜欢的地方！"小樱花说。

一家人吃完早饭，准备完毕，正要出发。小闪电一拍脑门儿，说："啊呀，我差点儿忘记了！前几天我们在斑竹林里和猫小黑约好，今天八点跟他一起去彩虹谷游玩的！"

小樱花说："是的，是的，我也记起来了！"

妈妈问："那现在怎么办呢？你们不去参加'森林狂欢节'了？"

小闪电想了想，说："是的，虽然我们很想去参加，但是樱桃老师告诉过我们——答应了朋友的事情，就一定要做到！"小樱花也跟着点点头。

爸爸竖起大拇指，说："人们常说'君子一言，驷马难追'，你们很讲诚信。你们去吧！爸爸妈妈会帮你们把好吃的、好看的、好玩的买回来。"

于是，小闪电和小樱花马上背起包，紧握项圈，念起咒语："叽哩叽哩咕，樱桃樱桃红——彩虹谷。"神奇的事情发生了，他们身上长出了翅膀，飞起来啰！

八点，他们慢慢地降落在彩虹谷。彩虹谷很大很美，有彩虹门、彩虹树、彩虹湖、彩虹城堡……咦，猫小黑呢？他们在彩虹门前等了足足两小时，才看到猫小黑背着包慢悠悠地走来。

他们问猫小黑怎么迟到了两个小时，猫小黑笑嘻嘻地说："我以为你们不会这么准时的，就到旁边的竹林里去玩了一圈，还好还好，只迟到了两小时。"

小闪电和小樱花听了直摇头。

前面就是彩虹桥，猫小黑眨眨眼，说："咱们来比赛跑步怎么样？谁最后跑过彩虹桥，谁就替大家背包。你们闭上眼睛，我发令。"

小闪电和小樱花闭上眼睛，等了好久才听到猫小黑喊："预备——跑！"他俩睁开眼睛，看到猫小黑已经在桥中间了。原来猫小黑早就起跑了。等他们跑到桥中间，猫小黑都快跑到另一边桥头了。

这一切北风哥哥看得清清楚楚，他对猫小黑的作弊行为很不满意，"呼呼——"，对着猫小黑使劲地吹了一阵风。猫小黑"咚咚咚"地退到了桥中间，跟小闪电、小樱花在同一起跑线了。他们都用尽全力跑向桥头。最后，猫小黑输了。小闪电和小樱花一边喘气一边把包解了下来。猫小黑一看，连忙喊道："不不不，刚才我是跟你们开玩笑的，你们的包我可背不动！"

小闪电和小樱花听了摇摇头。他们背起包，继续向前走。

前面有一棵美丽的彩虹树，树干粗粗的，闪着七彩的光；树叶五彩缤纷，像一只只小鸟。听说，对着彩虹树说出自己的心愿，如果有一只"树叶小鸟"飞起来了，他的愿望就能实现。于是，他们决定也来许愿。

小闪电说："我的愿望是吃到好多好多的美食。"哇，一只红色的"树叶小鸟"飞起来了，飘呀飘呀，载着小闪电的愿望飘向了远方。"哈哈，我的愿望一定能实现啦！"小闪电欢快地喊起来。

猫小黑撇撇嘴，说："哼，这么普通的愿望，我就能帮你实现，你不知道吗？我是鼎鼎大名的'无敌神厨'呀！我会做香喷喷的炸鸡腿、甜蜜蜜的巧克力、香喷喷的大蛋糕，还会做热腾腾的骨头汤。明天我就做给你吃！"

哦，小闪电听得口水都流下来了！不过，他有点儿奇怪，猫小黑什么时候学的本领啊？

轮到小樱花许愿了。她说："我的愿望是拥有很多漂亮的衣服。"耶，又有一只金色的"树叶小鸟"飞起来了，飘呀飘呀，载着小樱花的愿望飘向远方。"哈哈，我的愿望也能实现啦！"小樱花跳起舞来。

猫小黑斜斜眼，说："哎，这么简单的愿望，我就能帮你实现，你不知道吗？我是心灵手巧的时装设计师呀！我曾经用向日葵的花瓣给小狮子做了帽子，用柳枝给长颈鹿织了围巾，用白云给小兔子做了外套，还给月亮婆婆做了一条快乐星星手链呢！明天我一定把你打扮得像公主一样漂亮。"

小樱花听得眼睛都发光了。不过，她有点儿疑惑，猫小黑做的这些事情她怎么都没听说过呢？

接下来是猫小黑许愿，他说："我想成为大明星！"可是彩虹树上没有一只"树叶小鸟"飞起来。猫小黑气极了，抱住树干，用力地摇晃彩虹树，可彩虹树上还是什么动静也没有。他气得火冒三丈，"噌噌噌"地爬到树上，用爪子使劲地去扯"树叶小鸟"。谁知，"沙沙沙——沙沙沙——"，"树叶小鸟"都使劲地朝猫小黑飞去。他想跳下树去，却发现自己动弹不得。原来"树叶小鸟"把他紧紧捆在树干上了。

"救命啊！救命啊！"猫小黑急得抓耳挠腮，拼命挣扎。谁知道越挣扎被捆得越紧，他都要喘不过气来啦！

小闪电和小樱花急得"汪汪"直叫，他们也想不出办法，只好对猫小黑说："你先忍一忍，我们去请人来救你！"说完，他们一溜烟似的跑远了。

过了好长时间也不见小闪电和小樱花回来，被捆在树干上的猫小黑更急了："你们骗我，还说来救我，你们不讲信用！呜呜——"

正在这时，小闪电和小樱花气喘吁吁地从远处跑来了，他们后面跟着长颈鹿壮壮。壮壮到了彩虹树旁，抬起头，用牙齿把猫小黑身上的"树

叶小鸟"轻轻拨开。猫小黑抱住壮壮的脖子，滑了下来。

壮壮严肃地说："这棵彩虹树是神树，遇到不诚信的人，就会惩罚他们！猫小黑，你是不是不讲诚信了？"

猫小黑红着脸说："我，我，我错了，我以后要向小闪电和小樱花学习，做个讲诚信的孩子。"

小闪电和小樱花笑了，他们的项圈上，第十一个小铃铛变成金色的了。小铃铛上面的"诚信"两个字，在闪闪发光呢！

魔力樱桃的微心愿 11

> 诚信树，叶青青，
>
> 诚为根，信为本，
>
> 言必信，行必果，
>
> 诚信娃，走天下。

读写童话的微方法 11

这样说话更生动

哎，这个猫小黑，总是信口胡诌，难怪受到了彩虹树的惩罚！希望他以后一定记住"言必信，行必果"。

小哈，猫小黑的语言很有特点。你有没有注意到他说话前的动作和表情呢？

哦哦，我发现了，猫小黑说话前有"笑嘻嘻""眨眨眼""撇撇嘴""红着脸"等动作或表情。

是的，有了这些词，猫小黑说大话、爱吹牛的特点就更鲜明了。

小朋友，你在写童话故事的时候，可以在人物说话前，为他加上动作、心理、神态等描写，那样人物就更生动了，快来试试吧！

友善篇

友善是什么？友善是和他人和睦相处；友善是"己所不欲，勿施于人"，心中有他人，不给他人添麻烦；友善也是与人为善，是一个微笑，是一声"你好"，是宽容、同情和尊重；友善还是"赠人玫瑰，手有余香"，乐于助人，善待他人。

12 斑竹林里的和平使者

森林王国的斑竹林里有两只美丽的绿翎鸟，清晨，她们总会唱起动听的歌："美丽的小竹林，叶儿一片青哟，好像可爱的绿翎鸟，在风中舞蹈，哎嗨哎嗨啰……"

可是，这几天怎么都听不到绿翎鸟的歌声了？小闪电和小樱花想去斑竹林看看。他们紧握项圈，念起咒语："叽哩叽哩咕，樱桃樱桃红——斑竹林。"神奇的事情发生了，他们身上长出了翅膀，飞起来啰！

到了！到了！慢慢降落后，他们看到眼前的情景都惊呆了。斑竹林里黑沉沉、阴森森的，一片死寂。草枯了，花谢了，土地裂开了。斑竹娃娃们一个个蔫头耷脑地趴在地上，只有正中间还有两株高大的竹子没有倒下，但是竹叶都黄了，竹枝干巴巴的，上面一片斑驳，像布满了伤心的泪痕。

小樱花害怕极了，紧紧拉着哥哥，不敢看了。小闪电心里也很害怕，但想想自己是哥哥，要给妹妹做榜样。于是他鼓起勇气朝斑竹林里喊道："有人吗？这里怎么了？"只听一阵冷冷的风吹过，斑竹娃娃们呻吟起来："痛——痛——真痛啊！"这时，他们的耳边传来两声微弱的"叽叽"，小樱花睁开眼睛，抬头一看，说："哥哥，是绿翎鸟，她们在竹枝上！"

只见两只绿翎鸟耷拉着脑袋，趴在竹枝上，羽毛凌乱，眼睛里失去了往日的神采。看到小闪电和小樱花，她们有气无力地说："竹鼠和斑竹……又开战了……竹鼠赢了……要消灭斑竹林……"

小闪电着急地喊："我们能做什么？"

绿翎鸟说："拿着我们的羽毛……找竹鼠……谈判……"话音刚落，两根绿莹莹的羽毛飘到了小闪电和小樱花的身边。

"可是，我们要到哪里去找竹鼠呢？"

"你们……听听……地下……"

小闪电和小樱花的听觉是很灵敏的，他俩拉着手，趴在地上，将耳朵贴着地面，喊了一句："叽哩叽哩咕，樱桃樱桃红——魔法耳朵！"

顿时，他们听到地下传来一阵阵嘈杂的声音——

"咔嚓嚓，咯吱吱，啃斑竹，真痛快！"

"咔嚓嚓，咯吱吱，斑竹啃光光，竹鼠坐天下！"

他们使劲一嗅，终于找到了竹鼠老巢的出口，就在斑竹林西边的角落里，洞口用枯草和碎石盖着。

兄妹俩来到洞口，小闪电威风凛凛地站着，两手叉腰，对着洞口"汪汪"大叫："竹鼠，我是绿翎鸟的使者，是来找你们谈判的！"小樱花也跟着"汪汪"大叫。

洞里安静了片刻，过了一会儿，传来一个尖尖的声音："哦？你们说自己是使者，那么请出示一下你们的信物。"

小闪电和小樱花把绿翎鸟的羽毛递进洞去。不一会儿，随着一阵"窸窸窣窣"的响声，一群竹鼠钻出了洞。领头的竹鼠个头最大，他用小眼睛盯着小闪电和小樱花："说吧，你们想怎么谈判？"

"你们为什么要伤害斑竹？"

"这怎么能怪我们呢？我们竹鼠和斑竹之间的战争不是一次两次了，绿翎鸟帮我们调解过上百次。不管用的，斑竹的根在地下张牙舞爪，把我们的家都戳得千疮百孔！"

一株巨大的斑竹有气无力地说："你们……把……我们的根……都啃断了……"

"你们不对！"竹鼠们使劲嚷嚷起来。

"呜呜……你们……可恶……"斑竹们哭泣起来。

"停停停，你们都别吵了！"小闪电和小樱花做了个停止的动作，"你们住在一起，为什么不能和睦相处呢？"

"怎么可能？怎么可能？"

"我们是死对头！是死对头！！"

斑竹们和竹鼠们又吵吵嚷嚷起来。

小樱花温和地说："怎么不可能和睦相处呢？只要心中有友善之意，死对头也可以变成好朋友呀！你们听过'鸡犬不宁''鸡飞狗跳'这些词吗？许多鸡和狗是死对头，但是我和鸡小萌，我哥哥和鸡小帅就是好朋友。鸡小帅每天准时叫我们起床，然后我们一起开开心心去森林学校上学。鸡小萌力气小，我们都会帮助她。和睦相处多开心呀！"

斑竹们和竹鼠们听了这话都沉默了，不再吵了。他们怎么才能互不伤害、和平共处呢？

小闪电想了想，对斑竹们说："斑竹先生、斑竹小姐们，你们长根的时候，可不可以只往深处长，不弄破竹鼠的家啊！"

一阵风吹来，竹叶飘下来，斑竹们点点头，说："沙沙沙，可以呀，可以呀！"

小樱花对竹鼠们说："你们呀，斑竹林是你们的乐园，你们应该爱护斑竹才对，怎么可以啃他们的根，伤害他们呢？你们看，那么多的竹叶飘下来，够你们吃了吧！"

竹鼠们点点头，说："够吃，够吃，我们以后再也不啃斑竹的根了。"

斑竹们说："我们以后再也不戳破竹鼠的家啦！"

那受伤的斑竹怎么办呢？

领头的竹鼠说："我们的毛可以治伤。"说完，他向竹鼠们身上"呼"地一吹，每只竹鼠身上飘下几根黑亮的毛，毛又飘到受伤的斑竹身上。说来也神奇，斑竹林里顿时亮堂了起来。受伤的斑竹们一个个都恢复了健康，挺直了腰站在地上。

竹叶变得郁郁葱葱，上面挂满了晶莹的露珠。竹枝上的两只绿翎鸟飞了起来，唱出了天籁之音："美丽的小竹林，叶儿一片青哟，好像可爱的绿翎鸟，在风中舞蹈，哎嗨哎嗨啰……"

她们边飞边唱，眼睛里流出了绿色的泪珠，晶莹的泪珠落到地上，慢慢地渗到地下。斑竹们将张牙舞爪的根都缩了回来，慢慢向深处生长。竹鼠的家都恢复了原状。

竹鼠们跳起舞来，斑竹们"沙沙沙"地唱起歌来。他们相亲相爱，和睦相处。绿翎鸟成了他们共同的守护神。

小闪电和小樱花笑了，他们的项圈上，第十二个小铃铛变成金色的了。小铃铛上面的"友善"两个字，在闪闪发光呢！

这时，樱桃老师来了，夸奖他们是"和平使者"，他们笑了。咦？他们项圈上的 12 个小铃铛不见了，变成了一个金色的大铃铛。

樱桃老师笑眯眯地说："祝贺小闪电、小樱花，你们已经成为'金铃小导游'啦！至于 12 个小铃铛嘛，它们代表的内容早就深深地刻在你们的心里啦！"

小闪电和小樱花听了樱桃老师的话，眼睛亮亮的，开心地笑了。

魔力樱桃的微心愿 12

" 春天里，阳光照，

友善花，遍地开，

献爱心，送温暖，

乐助人，最美好。 "

读写童话的微方法 12

魔法耳朵听一听

叽哩叽哩咕，樱桃樱桃红——魔法耳朵！
耶！我也听到了许多声音。

小哈，你找一找，这个故事中有哪些表示声音的词呢？

找到了，找到了，有好多呢！

叽叽、咔嚓嚓、咯吱吱、汪汪、窸窸窣窣、沙沙……

有了这些象声词，这个故事就变成有声的了，我们好像也进入了故事的情境中。

小朋友，你在写童话故事的时候，也可以试着用一些象声词，让故事更生动。

童话读写绘 02

樱桃老师教你写出好故事

刘雅萍 著

人民邮电出版社

北京

目 录

童话读写绘 02
樱桃老师教你写出好故事

富强篇

01 鸡宝宝来到幸福村

胡锦心

鸡妈妈和她的四个鸡宝宝小帅、小萌、小欢、小乐生活在黄金村。那里生活富裕，不愁吃穿，为啥？因为村里有矿！

可是天天采矿，使得空气里都弥漫着烟火的味道，村里还不时发出爆炸的响声。鸡妈妈和鸡宝宝们实在忍受不了这样担惊受怕的日子了，他们决定搬家。

鸡妈妈带着鸡宝宝们找呀找，终于来到了一个叫"幸福村"的地方。这里满山苍翠，一水碧波，芳草茵茵，鸟语花香，简直就是书上写的桃花源。

小帅激动极了："妈妈，妈妈，我喜欢这里，我们把家安在这里吧！"小萌也很喜欢这里，说："这里的小伙伴们看起来都生活得很不错呢！"

鸡妈妈也喜欢这里。他们找到羊羊村长说明来意，羊羊村长也非常欢迎他们。小欢说："村长爷爷，那我们住在这里可以做些什么事情呢？我看大家都在村里种树养花，大家平时是靠什么生活的呢？"羊羊村长开心地眯了眯眼睛，他摸了摸胡子，乐呵呵地说："我们幸福村没啥特产，就是山特别青，水特别绿，空气特别好，大伙儿都喜欢到我们这里来转转。我们就努力把环境治理得更好一点儿，多种些健康蔬果，让远道而来的客人感受一下真正的大自然。客人多了，自然就有收入了。你看待在家里，守着这绿水青山就是守着金山银山呐！"

小帅眼珠一转，顿时有了主意："小萌、小欢、小乐，我想到了一个好主意。我们来做幸福村的导游吧！我们可以带着远道而来的客人参观幸福村，并把幸福村的富强秘诀送给大家。"

幸福村

幸福路

五年级　王思洁
指导老师：曹潇雨

羊羊村长努力睁大他那双小眼睛，兴奋地说："有了你们这群小导游，我们幸福村因地制宜的富强秘诀可就要真正出名了！"

指导老师：徐晓霞

02 穿越 1900

祝菲蔓

夏夜，三年级 5 班的一群小朋友聚在蔓蔓家排练节目。他们准备在下周学校的"六一文艺汇演"中露一手。王老师给他们选了朗诵《少年中国说》的节目。

"哎，这《少年中国说》太难背了，很多字词我都不懂！"可可皱着眉说。

"就是，少年强则国强，全是少年的事，那要大人干什么呀？"淇淇盯着手中的朗诵稿抱怨道。

正在这时，屋子里的灯突然熄灭了，原来是停电了。蔓蔓连忙从抽屉里找来一根蜡烛点燃。蜡烛的光开始是小小的，后来光圈慢慢大起来……

蔓蔓不经意抬头："啊，我家变了，这是哪儿啊？"小朋友们惊讶地四处打量。这是一间古色古香的书房，书架上放着许多线装书。"啊呀，我们这是穿越了呢！"敏敏惊呼起来。

只见书房里站着一位穿着长衫的书生，正深情地吟诵："少年强则国强，少年独立则国独立……"他在吟诵的不正是《少年中国说》吗？书生也发现了这群小朋友，惊奇地问："你们是谁家娃？从何而来？为何如此打扮？"蔓蔓上前一步礼貌地说："先生，您好！我们是从2050年穿越而来的。请问，《少年中国说》是您写的吗？"

书生沉思片刻，说："穿越？我从未听闻。你们是从2050年而来？现在分明是1900年。《少年中国说》正是本人所写。"

"啊，您是——梁启超先生？"可可惊喜地问。

书生笑着点了点头。蔓蔓问："梁先生，我们能不能采访一下您，您为什么要写《少年中国说》？"

梁启超先生紧皱双眉，说："你们不知道，现在的中国多么贫穷落后，封建统治黑暗腐朽，老百姓的生活苦不堪言。列强都可以来欺负我们中国。堂堂中华，竟破落至此，皆因我们没有更多的人才，中国强大需要你们少年不断奋发，努力学习，方有希望啊！天下兴亡，匹夫有责。中国的明天，要靠你们这些少年了。"

小朋友们听得热血沸腾，纷纷说："梁先生，您放心！百余年来，一代代中国人努力奋斗。2050年的中国已经非常强大，没有哪个国家敢小看我们中国。我们一定会学好本领，为使祖国更加富强而努力。"梁启超先生听了不住地点头微笑……

这时，四周突然变得明亮。原来电来了，小朋友们依然在蔓蔓家里！他们的排练继续进行，他们的声音变得无比坚定："少年强则国强，少年独立则国独立！"

指导老师：陈伟炯

03 "脏脏国"变迁记

屠栎

在很久很久以前，大森林里有个"脏脏国"。"脏脏国"贫穷落后，这里的天灰蒙蒙的，垃圾满地扔，脏话满天飞。"脏脏国"的国王好吃懒做，从不管事。穷苦无助的人民实在受不了了，他们打听到邻居"丽丽国"的情况，纷纷搬往"丽丽国"。"丽丽国"的人民热情接受了他们，还把发家致富的秘诀分享给他们。他们过上了以往不敢想象的幸福生活。最后，"脏脏国"只剩下国王一个人了。

他没吃的，没喝的，只好去"丽丽国"乞讨。"丽丽国"到处都是青山绿水，鸟语花香。他看到宽阔洁净的街道、热闹非凡的商场、琳琅满目的商品和一张张洋溢着喜悦的笑脸。他甚至感受到连空气中都流动着幸福的味道。这里的人偶尔发生一些小摩擦，他们也会相互谦让，把它们化解掉。他还发现，这里的每个人都特别热爱自己的国家，以身为"丽丽国"国民而自豪。

"脏脏国"的国王想起自己曾经的国家，羞愧极了。"丽丽国"的国王知道他有心改过，也愿意帮助他。"脏脏国"的国王回到自己的国家，下定决心，要重建家园，让国家变得强大起来。可是该从何处下手呢？他想起"丽丽国"的国王送了他一个锦囊，连忙打开锦囊，发现里面有一张纸条和一把号角。纸条上写着："若要国强，必先自强；以身作则，爱民如子。（若能做到，吹响号角。）"他如获至宝，先动手把自己的王宫打扫干净，在后花园种上了蔬菜……他再也不去乞讨了，而是连夜制定治国章程。一连忙了七天七夜，待一切准备就绪，他终于吹响了号角。

　　"脏脏国"的子民听到了。这响亮的号角声是在呼唤他们回家吗？这响亮的号角声是在呼唤他们一起回去建设美好的家园吗？想念国家的百姓，带着疑惑，陆陆续续地回到了"脏脏国"。看到国王新颁布的法规——《强国二十条》，看到国王忙碌的身影，他们明白了国王的决心和信心，于是纷纷投入建设家园的工作中……

三年级　张以诚
指导老师：蒋苏莎

慢慢地，"脏脏国"变了：公路两旁绿树成荫，到处鸟语花香；街道两旁井然有序，叫卖声、吆喝声此起彼伏，到处都是热闹繁华的景象……"脏脏国"的国王漫步在街头，满意地看着这一切。这时前面有一个孩子摔倒了，还没等他过去扶，旁边的人就纷纷上前把孩子扶起来了。

"香香国，国香香；爱民如子好国王，相亲相爱好公民；兵强马壮国富强，国泰民安幸福长……"耳畔传来这银铃般的童声，"脏脏国"的国王笑了。

从此，美丽的森林里再也没有"脏脏国"了。城墙上"香香国"这几个漂亮的大字，让人感觉幸福满满。不仅本国的子民都回来了，许多外国人也慕名而来，好一派繁荣昌盛的景象呀！

指导老师：谭海明

小明星讨论台

小朋友，读了故事，你们知道什么是"富强"了吗？

富强就是幸福村的秘诀——守着绿水青山就是守着金山银山！

富强就是少年强则中国强！

富强就是"香香国"的现状——国泰民安、繁荣昌盛！

小作家秀秀场

　　小朋友，你眼中的"富强"是什么样的呢？请你围绕"富强"，写一个童话故事。你写童话故事的时候，可以让主人公拥有万能神器，发挥神奇的力量。

民主篇

04 森林之王

王文灏

大森林里正在选"森林之王"。

大猩猩一连拔起好几棵大树，怒吼一声："我的力气最大，森林之王该我当！"狮子金发一抖，脚一蹬，石头都裂了，他骄傲地说："看看我的脚下，你们说谁能当森林之王？"老虎一抬手，搬出了一堆又一堆的武器，把枪口对准了他们。三只动物像三角形的顶点一样各占一角，谁也不让谁。

躲在洞里的小兔子吓得瑟瑟发抖，眼睛更红了。钻到灌木丛中的小獾缩成一团，连小板凳都不坐了。藏在树上的猴子，一下跳到很远的树上，不见了踪影……

"怎么办，怎么办，难道我们的森林之王就只能让他们当了吗？"

"他们这么蛮横，以后我们哪儿有好日子过啊？"

…………

"孩子们，孩子们，别急，我们有办法的。"森林中响起一阵浑厚的声音，同时大地一阵颤抖。一只探头张望的小鸟掉了下来，刚好被大象的鼻子接住。

"是大象伯伯，他上次带我过了河。"小兔子说。"大象救了掉进江里的我。""大象帮我运过沉甸甸的粮食。"……大家七嘴八舌地说着大象做过的好事。

"孩子们，别怕，我们一起去找他们，人多力量大。这个森林之王由谁来当，要大家说了算。"可是，被吓坏了的小动物们还是不敢行动。这时，那只站在大象鼻子上的小鸟说："大象伯伯，我跟

四年级　俞苏恬
指导老师：金萍

您去。"这时，鸟儿们从树上飞了下来，其他动物也纷纷围了过来，黑压压一片。他们自己都震惊了，原来有那么多的小伙伴。

森林中央，那三只猛兽忽然感觉周围不一样了。他们定睛一看，呆住了，原来所有的动物都来了。猫头鹰博士说："从今天起，我们要投票来选出森林之王。""对对对，我们的森林之王当然由我们自己来选。"小动物们有的挥舞着手，有的拍着翅膀，纷纷表示赞同。大猩猩、狮子、老虎看到这样的情况，只能妥协了。

鸟儿们叼来了树叶选票，小动物们都把树叶选票投给了大象。他们终于有了自己选出的森林之王。那天晚上，小兔子们在月光下散步，小鸟们数着天上的星星，月亮婆婆笑弯了腰。

指导老师：王飞飞

05 雁部落的飞行计划

吴彦桢

太阳快落山了，晚霞染红了天边，南飞的雁儿们赶紧飞到了一个湖边觅食、休息。刚吃过晚餐，雁部落的队长就召集大家交流第一天迁徙的感受，以便调整第二天的飞行计划。

"我们希望明天飞慢一点儿！"雁爷爷先开口了，"我们上了年纪，体力大不如年轻人。今天那几阵大风刮来，我们咬牙才勉强跟上队伍。"

"是呀，我们也希望头雁们能多顾及一下没有经验的孩子们，变换队形时太急了，孩子们好几次差点儿追尾。"雁妈妈恳切地说道。

"如果放慢速度，在路上就会停留得更久，危险就会更多，狡猾的狐狸、凶猛的老鹰可能正暗中盯着咱们呢！"一只被狐狸咬掉小片翅膀的站哨雁提醒大家。

群雁各抒己见，雁部落的队长一边用心记录一边认真地说："大家说的都有一定道理，那我们一起来商量商量明天的飞行计划，我们可是要一只不少地飞到南方的。"

二年级　金宸可
指导老师：曹潇雨

于是大家又七嘴八舌地讨论了起来。

"我们可以根据天气好坏调整飞行速度。天气好时我们多赶赶路，天气差时我们就减速慢飞。"

"体力较弱的老人、小孩排在队伍中间，如果遇到恶劣天气，小伙子们可在旁协助飞行。"

"休息时，站哨的力量也需要增强……"

大家兴奋地讨论到月亮爬上了树梢。根据大家的建议及投票结果，雁部落的队长决定了第二天的飞行计划。就这样日复一日，大家商量着共同解决了迁徙途中一个又一个的问题。最后，大雁一只不少地安全抵达了温暖的南方。

指导老师：章薇薇

06 快乐农场里的讨论会

王释妍

　　山的那边有一个快乐农场，农场主和他的小动物们幸福地生活在一起。这几天，农场主十分发愁，原来农场里有一块空地，可用来做什么好呢？为了解决这个问题，农场主决定举行一次"空地改造讨论会"。

　　会议开始了，小鸭嘎嘎一摇一摆地说："主人，我觉得还是挖一个大水塘吧！咱们可以游泳，特别是到了夏天，多凉爽、多快活呀……"小猪哼哼拱拱农场主："小鸭的主意好呀，我最喜欢在水塘边滚泥巴玩了。"

　　小羊咩咩喊着："不行，不行，……主人，我觉得还是打造成草坪，那样不仅有鲜美的嫩草可以吃，到了冬天，我们还可以躺在上面晒太阳，多舒服呀！"母牛哞哞赶紧凑过来："小羊的建议我支持，这样我们再也不用跑到山脚下找食物了，多方便呀！"

　　这下农场主为难了，到底听谁的呢？最后他决

五年级　胡锦烨
指导老师：蒋苏莎

定，农场是大家的，每个成员都有权利提出方案，大家民主投票，谁的方案票数多，就听谁的。

大家想知道最后谁的方案胜出了吗？——小狗的"快乐农场空地改造方案"最终胜出。小狗在空地中设计了好几个区域，左边是水塘，右边是草坪，中间还有一条开满鲜花的小路。这个方案满足了大家的需求，得到了大部分小动物的支持。

讨论会圆满结束，农场主笑呵呵地说："快乐农场是大家的，大家的农场大家管理，人人都出力，农场更美好！"

指导老师：徐　于

小明星讨论台

小朋友，读了故事，你们知道什么是"民主"了吗？

民主就是"森林之王"由小动物们自己选。

民主就是雁部落的飞行计划由大家商量着制订。

民主就是快乐农场里的小动物们遇到了意见有分歧的事，共同选出最优方案。

小作家秀秀场

　　小朋友，你眼中的"民主"是什么样的呢？请你围绕"民主"，写一个童话故事。你写童话故事的时候，也可以借助"时光隧道""神奇校车"等穿越到其他的地方。

文明篇

07　森林文明代言人

赵子焓

　　太阳公公要回家休息了，走之前他交给月亮姐姐一个任务：寻找森林文明代言人。森林里开始热闹起来，到底谁才是森林文明代言人呢？月亮姐姐慢慢爬上夜空，开始冥思苦想。

　　天色已晚，猫头鹰出来活动，而小乌鸦急匆匆地飞过。月亮姐姐忙喊："小乌鸦，你知道谁能当森林文明代言人吗？"小乌鸦叼着肉，不说话，急匆匆地往家里赶。乌鸦妈妈正在枝头张望，等着她回来呢。原来妈妈老了，飞不动了，小乌鸦每天都会去找美味的食物，给妈妈带回来。月亮姐姐不禁

031

三年级　赵子焓
指导老师：沈滟

竖起大拇指："孝敬老人，小乌鸦就是森林文明代言人！"

正在这时，小花猫彬彬有礼地问："月亮姐姐，请您借我点儿月光，好吗？我想照着镜子洗完脸，再睡觉。"月亮姐姐便来到窗前，小花猫用小湿布擦擦脸，擦擦嘴，再擦耳朵，不一会儿就干干净净了，还不忘谢谢月亮姐姐。月亮姐姐点点头："爱卫生，小花猫就是森林文明代言人。"

星星围着月亮姐姐讲悄悄话："月亮姐姐，谁是森林文明代言人呢？"月亮姐姐正在寻找呢！

"咔嚓嚓，咯吱吱"，这是哪里传来的声音？月亮姐姐低头一看，原来是森林餐厅里挤满了客人，独角仙、萤火虫正排着整齐的队伍吃大餐呢！月亮姐姐笑了："就餐讲秩序，小昆虫们，你们就是森林文明代言人！"

这下月亮姐姐可以跟太阳公公交差了，一言一行从小事做起，很多小动物都是森林文明代言人！

指导老师：章薇薇

08 文文和明明的一天

朱怡辰

　　小猫文文、明明和他们的爸爸妈妈住在森林深处的小木屋里。姐姐文文是一个文文静静、乖巧可爱的小姑娘，弟弟明明却调皮淘气，有时候还很不文明。

　　这一天，文文和明明要一起去河马阿姨家玩。

　　"我们出发啦！爸爸妈妈再见！"文文和明明向爸爸妈妈道别。

　　"明明，等一下！带点儿吃的吧。"猫妈妈急匆匆地把装着小零食的盒子塞到明明的小书包里，"明明，包装盒子可不能乱扔，要做一个文明的孩子！"

　　"好的好的，知道啦！"明明不耐烦地边说边

和姐姐一起走了。

明明一边走，一边吃零食，随手乱丢垃圾。一路上，他已经丢了两根鱼骨头、一个牛奶盒子和一块香蕉皮了。姐姐文文一边提醒弟弟，一边把弟弟扔的垃圾装进提前准备好的垃圾袋，丢到了垃圾桶里。

两人终于到了河马阿姨家。今天，草坪上的玫瑰花开了，真漂亮！文文在静静地欣赏，明明却冲到了草坪上打滚，在花丛中钻来钻去。

"啊！我的手流血了！"明明大喊。

"快回来，明明！"河马阿姨大喊，"玫瑰花有刺，别被刺伤了！"

明明只能灰溜溜地回来。河马阿姨一边帮他包扎伤口，一边说："明明，我对你说了很多次了，小花小草都是有生命的，我们不能随意践踏。你看，这次是小花的'复仇'，她在告诉你，以后要做一个文明的孩子！"明明边哭，边点点头。

下午，河马阿姨带文文和明明一起去图书馆看书。"哇！图书馆真大呀！图书馆里的书真多！"

三年级 郑乐瑶
指导老师：曹潇雨

明明一边大声喊，一边跑向漫画区。他看到一只小兔子在看他最爱的漫画书，就伸手一把抢了过来，却不小心把书撕成了两半。小兔子哭了起来。正在看书的小动物们都向明明投去了责备的目光。

"弟弟，如果你想看别人在看的书，你可以礼貌地问他，'你看完能给我看吗？'，直接伸手去抢是不文明的，你应该向小兔子道歉。"文文轻声对明明说，"现在你把图书馆的书撕破了，应该主动赔偿，并且向管理员道歉。还有，图书馆里大家都在安静地看书，我们说话要小声一点儿。"最后，明明向小兔子和管理员道了歉，拿出了自己的零用钱赔偿了撕坏的书，垂头丧气地跟河马阿姨道别，跟着姐姐一起回家了。

你以为明明"倒霉"的一天结束了吗？没有。他在回家的路上因为踩上了香蕉皮摔了个四脚朝天。香蕉皮是哪里来的？啊！是早上明明丢在路上的，文文捡垃圾时也没注意到它！文文一边把弟弟扶起来，一边对他说："你看，你因为自己丢的垃圾滑倒，践踏草坪被玫瑰花刺伤，在图书馆里大喊大叫被大家责怪，撕破了书要用自己的零用钱去赔，这些不文明行为都要自己承担后果。从今天开始，我们做一个文明的小朋友，好吗？"

明明一边揉着屁股，一边用力点头。从此，明明真的成了一个文明的小朋友。

指导老师：王飞飞

09　**清清小河回来了**

马吕一楠

　　小兔子住在清清的小河边。小河边绿树成荫，鸟语花香，蝴蝶们互相追逐、嬉戏。这里是小动物们的乐园。小兔子天天对着这条小河，觉得小河太平静了，太没意思了，心想：我得做点儿什么，让小河穿上一件五彩衣。

　　于是，小兔子用吃过的罐头在河里打水漂，看着溅起的水花他就乐；把零食垃圾袋扔到了小河里当纸船；把洗洁精倒进河里，看到小河泛起很多很多的泡泡便拍手欢笑……小河经不起小兔子几次三番折腾，变得又脏又臭，苍蝇、蚊子到处乱飞，让

住在河边的小动物们苦不堪言。可是面对这么一条又脏又臭的小河，大家都束手无策。

清清河边村的大熊村长知道了这件事，立马赶来了解情况。

小动物们围着大熊村长七嘴八舌地说："村长，村长，我们的清清小河不见了！你要调查一下是哪个不讲卫生的家伙把我们的小河搞得乌烟瘴气的！"

"村长，村长，保护环境，人人有责！"

"村长，村长……"

面对情绪激动的大家，小兔子一声也不敢吱。大熊村长抬手示意大家安静，大声地说："有些小动物乱丢垃圾，把我们的清清小河搞得一团糟，我希望他能主动承认自己的错误……"

等了很久，小兔子才战战兢兢地举手："大熊村长，是……是我……把清清小河搞成这样的，我知道错了……"

小动物们一听是小兔子破坏了清清小河的环境，就想狠狠地揍他一顿。大熊村长阻止了愤怒的小动物们："我们现在的首要任务是把小河清理干净，这笔清洁费就由小兔子承担。另外，既然小兔子知道自己错了，那我们就罚小兔子为我们清清河边村义务打扫卫生一百天，大家觉得这样可好？"

小动物们纷纷拍起了手表示赞同，小兔子羞愧地低下了头。大熊村长打电话叫来清洁队，清洁队花了整整三天时间清理，清清小河终于回来了。

从此，小兔子成为清清河边村的环境保护员，每天巡查清清河边村的环境，积极地宣传保护环境的重要性。小动物们纷纷为小兔子点赞。

指导老师：毛灵芳

三年级　杨烁静
指导老师：叶焦敏

040

10　小猪可可变形记

徐晓钰

　　红日初升，一缕阳光照进小鸭子嘎嘎的房间。今天可是嘎嘎的生日，森林里的小动物们都来祝贺他。嘎嘎的妈妈还准备了很多小礼物，请小寿星和小伙伴们一起分享快乐。

　　嘎嘎热情地用美食招待客人们。小猪可可狼吞虎咽地吃了起来，一旁的天鹅雪雪则斯斯文文地吃着，大熊先生作为一名老师，则先彬彬有礼地鞠了个躬才开始吃。不一会儿，桌上的食物都吃完了。嘎嘎叫大家排好队，他要给大家发礼物了，大家都很期待。一转眼的工夫，大伙儿排起了长队。

可可挺着圆滚滚的大肚子，好长一会儿才吃力地跑来排队，可看到一排人如乌龟般慢悠悠地前进，他很是着急："怎么这么多人啊，等排到我的时候礼物会不会没有了呀？"眼看着一件件礼物被拿走，可可终于忍不住了，跑到了队伍最前面，趁兔子红红不注意，撅了撅屁股，把她挤出了队伍："喂！没看见我在这里啊，赶紧一边儿去！"嘎嘎刚拿出红红最喜欢的胡萝卜玩偶，可一转眼，出现的却是可可。可可大声嚷嚷："给我那个最大的礼物，最大的那个！"嘎嘎奇怪地问："咦，兔子红红呢？""她呀，走了！"可可一把接过礼物，脸不红心不跳地说。

"才不是，是可可把红红挤出去的，他还让她一边儿去。"

"他还把喜欢吃的食物全都放到自己面前，一桌的菜几乎全都被他吃光了。"

…………

后面的小动物们七嘴八舌地批评着可可。大熊

Happy Birthday

五年级　韩可儿
指导老师：沈滟

老师听到了，他走到可可跟前，和蔼地说："小可可啊，你怎么能那样做呢？你看你让小兔红红多伤心啊。如果你排着队刚要领礼物，就被人挤了出来，你会怎么想呢？如果桌上的所有食物都被其他人吃完了，你会开心吗？你这么做太不文明了！"

听了大熊老师的一番话，可可低下了头，意识到了自己的错误。他抱着礼物走到了小兔面前："红红，对不起，是我做错了，我太不讲文明了。"他把礼物递给了小兔，"这个给你，我会改正的！"他又转身对其他小动物说："我今天吃饭也不够文明，我一定会改的，希望大家能给我一个机会。"

"给你一个文明标兵兔八哥玩偶，希望你能做一个文明小标兵。"小熊嘻嘻说。

后来，在大家的帮助下，小猪可可讲文明话，做文明事，成了"文明小标兵"。森林里的小动物们都在夸他呢！

指导老师：谭海明

小明星讨论台

小朋友，你们觉得故事中的谁可以被评为"文明小标兵"呢？说说理由吧。

小乌鸦是文明小标兵，她孝敬妈妈；小花猫是文明小标兵，他讲卫生；小昆虫们是文明小标兵，他们遵守秩序。

文文是文明小标兵，她爱护花草树木，不乱丢垃圾，在图书馆里遵守规则。

我觉得小猪可可也是文明小标兵，他知错就改，进步很大。

小作家秀秀场

　　小朋友，你身边有谁可以被评为"文明小标兵"呢？请你围绕"文明"，写一个童话故事。试着从外貌、语言、动作、神态等方面写出人物的某个特点，给大家留下深刻的印象吧。

和谐篇

11 筷勺之争

陈一钒

　　夜深了，一轮皎洁的明月悬挂在深蓝色的天空中，周围的星星眨着眼睛，夜晚显得格外宁静。忽然，熟睡的小明被一阵争论声吵醒了。

　　他循着声音走去，还没到厨房门口，就看见筷子正叉着腰，趾高气扬地说："你们看，我多能干！餐桌上少不了我。"话音刚落，勺子便不服气地跳了出来，生气地说："哼！我的功劳才是最大的，没有我，主人根本喝不了汤！""不对，不对！我才是最厉害的。如果没有我，主人不就要用手抓菜吃了吗？"筷子得意扬扬地说。勺子不甘示弱，赶紧反击道："没有筷子也可以呀！西方人不是用刀叉吃饭的吗？"……筷子和勺子你一言我一语，争得不可开交。筷子气得脸红脖子粗，勺子也被气得瞪大了双眼，连肚子都鼓起来了！

眼看筷子和勺子就要打起来了，小明赶紧走过去，敲了敲厨房的门，说："不要吵啦！请允许我说两句。筷子可以帮助我们夹各种美味佳肴，勺子可以帮助我们喝到鲜美的汤，你俩缺一不可呀！而且，不只是你们，锅碗瓢盆，少了谁都不行。只有你们大家和睦相处，我们才可以吃到各种有营养的美味佳肴呀！"

筷子和勺子听了，羞愧地低下了头，脸红得像熟透的苹果。他们觉得小明说得很有道理，于是就向对方道歉，握手言和了！

天上的月亮看到了这一切，欣慰地点点头，星星笑眯眯的，发出了更璀璨的光！夜，多么宁静而美好！

指导老师：丁淑珍

五年级　徐沛乙
指导老师：叶焦敏

12　大猩猩和小猴子

杨銛

郁郁葱葱的大森林里，有一群活泼快乐的小猴子。小猴子们每天无忧无虑地生活着，饿了就摘些黄澄澄的香蕉吃，渴了就喝些清澈的溪水。

可是有一天，大森林里突然来了一只霸道的大猩猩。这只大猩猩又高又壮，两只眼睛比铜铃还要大，走起路来连地都要抖三抖。小猴子们很怕这只大猩猩：大猩猩不仅和小猴子们争抢住所，还和小猴子们抢美味可口的香蕉。小猴子们既惧怕他，又讨厌他，玩耍的时候从来不邀请他。

这一天风和日丽，湛蓝的天空万里无云。大猩

三年级　杨嘉敏
指导老师：王月月

　　猩坐在树上吃着抢来的香蕉，他看着树下玩闹的小猴子们，觉得很孤单。于是，他便跳下树，蛮横地问道："喂！你们怎么不来和我一起玩？"他一边说着，一边拉过一只小猴子。那只被他拉过去的小猴子吓得瑟瑟发抖，哇哇大哭。剩下的小猴子们也都惊慌地四处逃窜。

　　大猩猩觉得委屈极了，便跑去问树爷爷："为什么小猴子们都不愿意和我一起玩呢？"树爷爷抖抖手臂，摸摸大猩猩的脑袋，说："因为你从来都不懂得，大家生活在一起，互相尊重、互相理解才是最重要的。你每次都抢他们的东西，不尊重他们，他们当然不喜欢你。"大猩猩听了树爷爷的话，若有所思，羞愧地低下了头。

从那以后，大猩猩默默地改变着自己，发挥自己力气大的优势，积极帮助小猴子们。小猴子们摘不到香蕉，他上；小猴子们过不了河，他驮；小猴子们搬家，他扛……小猴子们越来越喜欢大猩猩了，大森林里回荡着他们愉悦和谐的笑声。

指导老师：金玉玛

13 小翠历险记

潘弈辰

　　大森林里有一只可爱的小鸟：翡翠般的羽毛柔顺光滑，水汪汪的大眼睛仿佛两颗蓝宝石，鹅黄色的嘴巴尖尖的，两条小腿细细的。她既漂亮又伶俐，还有一个动听的名字——小翠。

　　一个阳光明媚的早晨，小翠外出觅食，一不小心落入了捕鸟笼中。小翠虽然奋力挣扎，却无济于事。很不幸，她被一个黑影抓了回去。

　　昏睡许久之后，小翠慢慢地睁开眼睛，发现自己被抓到了一个散发着恶臭的地方。这里墙上深褐色的血迹触目惊心，地板上堆满了动物的皮毛和尸体，活似一个个小土包。她大惊失色，赶紧扇动翅膀，却听到其他地方也传来了声音。抬眼望去，对面放着一排长长的笼子，里面关着各种各样的动物朋友：小黄鹂胖胖、穿山甲爷爷、花狗阿旺、白虎小雪……

原来，这里是一家野生动物餐馆。小翠一下慌了神，怎么办？怎么办？不！我不能慌，得赶紧想办法出去，不然就变成人类的盘中餐了。她灵光一闪，生出一计，趁偷猎者去抓别的动物时，赶紧用自己尖尖的爪子不停地扒拉着锁。皇天不负有心人，在断了三根指甲后，锁终于被打开了。她猛地打开了笼子，用同样的方法把朋友们解救了出来。正当他们准备逃走时，忽然传来了"咚咚咚"的脚步声。不好！是偷猎者回来了。

大伙儿像潮水一样奔向门口，刚出了门，偷猎者便冲了进来，小翠见状大喊："快点，分三路走，穿山甲钻到地下去，鸟儿们全都飞到空中，其余的跟我跑。"动物们井然有序，兵分三路向外逃去，可恶的偷猎者却紧追不舍，跟上了小翠，一边追，一边叫嚣着："让你们跑，我要叫你们知道我的厉害。"

"咔咔咔！"子弹上膛了。

不好！小翠回头一看，暴跳如雷的偷猎者举起了猎枪。就在这千钧一发之际，偷猎者忽然脚下一空，不见了踪影。原来，偷猎者掉进了自己挖的陷阱里，这真是自作孽不可活啊！

偷猎者摔得头破血流，抱着一条断腿，痛苦地呻吟着："疼……疼死我了，有……有没有人啊？救命啊——"

逃命的动物们停下了脚步，小心翼翼地靠近陷阱，望着偷猎者凄惨的模样，眼里流露出一丝矛盾和不忍。德高望重的穿山甲爷爷开口了："遥想当年，人类和我们动物也是和谐的一家子。不知从何时起，我们成了人类的盘中餐、口中食。我们本不用理睬这个喊'救命'的人，但古语有云'以德报怨'，大家的意思呢？"

动物们沉思了一会儿，请来了大象伯伯。大象伯伯救出了偷猎者。偷猎者流下了悔恨的泪水："我错了，我以后再也不猎杀动物们了，对不起。我这就去自首……"

"广阔的天空是鸟儿的梦想，宽广的河流是鱼虾的殿堂。人和自然需要和谐共处。"小翠的歌声在森林深处回荡，久久不散……

指导老师：龚云飞

058

五年级　俞颖萱
指导老师：吴柏锋

14　燕子旅行记

屠玉涵

一个宁静如常的夜晚，朦胧的月色映照着我娇小的身体——我已熟睡。

夜色越来越暗，我微微睁开双眼，低头看到自己的身影，顿时吓出一身冷汗——我无端变成了一只燕子！望着这个穿着黑色礼服的自己，我心里不由浮起一丝兴奋，我会飞啦，我可以去更多地方旅行了！但我含着笑的脸上猛然掠过一丝迟疑，因为我回想起那次一个男孩用弹弓打麻雀的情形。我的心中难免生出几缕忧虑，踌躇着是去还是不去。我的心不断地挣扎，似一块跷跷板，一会儿向上，一会儿向下。最终心中的兴奋盖住了犹豫，我便随着朋友一同去旅行了。

我与朋友飞到了春晖园，沁人的花香直扑我的鼻尖，芬芳馥郁。尽管时有斜风细雨，但我们毫不在意，依旧畅游于花海。不知不觉中，点点微雨渐渐变为倾盆大雨，我们无处可躲，只好径直朝望湖楼飞去。望湖楼的檐下居住着许多燕子，见我们被淋成落汤鸡，他们忙热情地让出一个巢来供我们栖息。尽管身上一片潮湿，但我心里犹如沐浴着暖阳。

下课铃响了，活力满满的学生都涌出了教室。充满好奇心的我探出头，望着廊间来来往往的学生入了迷，一不留神竟从巢中坠落。我的心骤然缩紧，慌乱令我忘记了扇动翅膀。"砰——"我重重地摔在地面上。一群学生围绕在我周围。望着他们好奇的双眼，我吓得全身抽搐。令我意外的是，他们轻轻地将我托起，合力把我放回了檐下的巢中。受伤的我在巢中轻轻拍打着双翅，凝视着他们，表示感谢。他们也笑眯眯地朝我招手，似乎在说只有我们

三年级　朱钰灵
指导老师：金萍

061

才懂的密语……

　　"叽叽，喳喳，叽叽喳喳！"一阵鸟鸣把我唤醒。天已经亮了，我看看自己，又变回了小学生。燕子的旅行结束了，但我的脑海中却常常浮现出檐下那和谐的一幕。

　　　　　　　　　指导老师：徐华良

小明星讨论台

小朋友，读了故事，你们知道"和谐"的含义了吗?

和谐就是像筷子和勺子那样和睦相处，互相帮助。

像大猩猩那样改正缺点，发挥自己力气大的优势，积极帮助小猴子们，森林里就会变得很和谐。

大家向我马小哈学习，爱护小动物。人和自然和谐相处，世界会变得更加美好!

小作家秀秀场

　　小朋友，你的脑海里有哪些"和谐"的画面呢？请你围绕"和谐"，写一个童话故事。你可以用对比的画面，故事前后有变化，大家读了把你夸。

自由篇

15 爱自由的奔奔

孙骋

小熊奔奔是个淘气鬼，不太喜欢上学，因为学校里的老师总是要求奔奔不能这样，不能那样。终于放暑假了，奔奔心想："我自由啦！"

"奔奔，都看了一小时电视了，该做点儿其他的了。"妈妈催促道。

"真扫兴，什么时候能让我看个够呢，一点儿自由都没有！"奔奔嘟囔着。

"奔奔，别老吃金枪鱼薯片，吃点儿蔬菜，有益健康。"爸爸提醒道。

"吃饭也要管，一点儿自由也没有！"奔奔

心想。

　　"奔奔，出去玩别跑太远，森林深处有大老虎，会把你吃掉的。"耳畔传来奶奶的叮嘱。

　　"知道啦，知道啦。"奔奔不耐烦地答应着，转身嘀咕，"规矩真多，一点儿自由都没有！"

　　夜晚，奔奔躺在床上，翻来覆去睡不着："要是能想干什么就干什么该多好啊！如果能用魔法把爸爸、妈妈、奶奶变没，我就自由了！"想着想着，奔奔迷迷糊糊地睡着了。

　　天亮了，奔奔睁开朦胧的双眼："妈妈，给我穿衣服！妈妈，妈妈……"喊了半天没反应，奔奔只好自己起床。找了半天，发现爸爸、妈妈、奶奶都不见了，奔奔一蹦三尺高："哈，我终于自由喽！"

　　奔奔连忙找到遥控器，打开电视，看舅舅主演的《熊出没》。没了妈妈的唠叨，奔奔可以想看多久就看多久，一集接一集，一部又一部，这感觉实在是太爽啦！"咕咕咕，咕咕咕……"咦，谁在叫？哦，原来是奔奔的肚子。奔奔搬来椅子，小心地站

在上面，够到了高处的柜门。打开一看，里面全是
薯片、虾条、香肠……原来爸爸平时为了防止奔奔
吃垃圾食品，把这些零食放得高高的。这下好了，
奔奔可以想吃多少就吃多少。

奔奔饿了吃零食，吃了看电视，困了睡大觉，
这样的日子不知不觉过去了好多天。

"怎么回事，我有点儿看不清了。"奔奔使
劲揉了揉眼睛，死死地盯住电视屏幕，可情况并
没有好转。奔奔这才想起妈妈的话："奔奔，老

一年级　陈贤赫
指导老师：王月月

是看电视会导致近视，近视是很难受的！"奔奔害怕了。

"我的脸怎么蜡黄蜡黄的？"奔奔看着镜中的自己，越看越陌生。他忽然明白了爸爸的话："奔奔，吃垃圾食品对身体不好！"奔奔后悔了。

"爸爸、妈妈、奶奶，你们快回来吧，我再也不要自由了！"奔奔大哭大喊起来。

"奔奔，奔奔，快醒醒，快醒醒！"奔奔睁开眼，发现妈妈就在旁边，原来自己做了一个长长的梦。

奔奔把梦境告诉了妈妈，并且说："妈妈，妈妈，我再也不要自由了！"

"傻孩子，自由怎么可以丢呢！只不过自由不是想干什么就干什么，也要遵守一定的规则。"妈妈语重心长地说。

这时，爸爸过来了："奔奔，森林学校邀请我们参加'亲子运动会'，你想报哪个项目？"

"爸爸妈妈，你们选吧，我以后都听你们的！"

　　"奔奔，选择项目是你的自由，我们尊重你的意见。"爸爸摸了摸奔奔的头。奔奔想了想，郑重地在"捕鱼小达人"下面打了个钩。

指导老师：丁群根

16　飞向自由的金丝雀

申政轩

从前有一只金丝雀，她舒适地住在主人为她准备的金笼子里，每天锦衣玉食。

闪闪发光的羽毛是她的骄傲，美妙动听的嗓音让她赢得了主人的欢心。

可是有一天，她厌倦了这种安逸的生活，开始向往笼子外的自由。

她努力啄开了金笼子的门，第一次飞出了笼子，飞向了蓝天，开始寻找自由。

她问飘荡的白云。

白云说："我悠闲地在空中散步，随意变换着姿态，一不留神我就变成另一朵白云，让你找不到我，这就是自由。"

她问路边的蒲公英。

蒲公英说："我伴随着每一缕清风翩翩起舞，这就是自由。"

她问川流不息的小溪。

小溪说："我一路流淌，拥抱身边的每一块岩石，给他们带去欢声笑语，这就是自由。"

她问辛勤的蜜蜂。

蜜蜂说："我飞越千里和百花做朋友，酿成香甜的蜂蜜，给人们带去甜蜜，这就是自由。"

她问春夏秋冬四兄妹。

他们齐声说："我们随着四季变换为大地妈妈换上新装，找到自己生命的节奏，这就是自由！"

哦，她明白了：勇敢选择，在自己的领域里闪闪发光，给自己带来快乐，也和周围人分享欢乐，这就是自由！

金丝雀展翅飞向了森林，在森林里自己动手建

四年级 陈泽浩
指导老师：王嫚婷

造了一座舒适的小房子。她每天用美妙的歌声给森林里的动物带去欢乐，也因此融入了森林的生活环境。她的心里暖暖的！

指导老师：顾华燕

17 动物王国的"自由日"

谢昊町

　　动物王国的小动物们，最近有许多抱怨：每天上学坐公交车要排队，要准时到学校，要学习许多新的知识……

　　"什么时候才能过自己想要的生活呢？"小斑马哒哒想。

　　"如果我能当一回国王，过自己想要的生活，那该多好啊！"哒哒浮想联翩，而且这种想法越来越迫切。

　　狮子国王知道了他的心愿，把他召到跟前，眼里闪着智慧的光芒："哒哒，我的孩子，我给你一天时间当国王，希望你能享受自由的生活。"说完，递给他一顶王冠。

"太好了，尊敬的国王！"哒哒戴上王冠，端坐大殿，马上发出公告："今日是动物王国的'自由日'，大家不用再遵守任何规则。"

"好呀！"动物们都欢呼起来。

可是，好景不长——

"报告国王，森林学校里现在一片狼藉，请您指示！"哒哒正沉醉在美好的幻想中，警报声突然响起，一个身着铠甲的士兵跑来汇报。

哒哒来到学校，发现动物们都在校门口堵着，现场门口一团糟。"咦，怎么没有老师维持秩序？"哒哒走进学校，想去看看班里的状况。走到一间教室，发现里面乱七八糟，果皮箱倒在地上，酸臭味弥漫四周。他严厉地训斥："瞧教室乱成什么样子了，还有没有规矩了？""国王，不是您说今天可以过一天自己想要的生活吗？老师可以不来上课，我们为什么不可以踢垃圾桶呢？"动物们理直气壮

$C=(a+b)\times 2$ $a+b=ab$ $1平=100克$ 四
$S=(a+b)\times \frac{h}{2}$
$a+b=b+a$
$S=\pi r^2$
$S=(a+b)h$

语文

五年级　陈政宇
指导老师：黄珊

地回答，哒哒无言以对。

　　哒哒刚乘上汽车，准备回王宫，警报声再次响起："国王，快到医院看看啊，医院里的伤亡率直线上升！"

　　他接过了士兵递过来的报告，看着报告上的统计图，瞪大了眼睛——动物王国的伤亡率在一个小时内，几乎翻了整整十倍！

　　哒哒来到医院，发现大厅里横七竖八地躺着许多病人，却不见一个医生。一只抱着孩子的梅花鹿跑到哒哒面前，说："国王啊，求求您救救我的孩子吧，他出了车祸，可是医院里却见不到一个医生。医院在公众号上通告：今天是'自由日'，医生都去度假了。我的孩子要是有个三长两短，我……我该怎么办呀？"说完，她便失声痛哭起来。

小河马匆匆跑来："国王啊，我父亲得了重病，本来今天要动手术，但我跑遍了整个医院都没有见到一个医生！国王，您行行好吧！赶紧让医生来上班吧。"动物们纷纷围上来，向他诉苦……

警报越来越多，哒哒皱着眉头，挠挠脑门儿，无计可施。哎，谁让他发出那条公告呢！哒哒意识到问题的严重性，立马找到了狮子国王，为自己给动物王国带来的灾难道歉。狮子国王笑了，他把手中的平板电脑递给了哒哒——只见动物王国的动物们井然有序地过着正常的生活。

"看，哒哒，动物王国还是好好的。其实呀，你戴上的王冠是一个模拟器，我只不过是让你模拟当一天国王，让你体验你想要的自由生活罢了。你想要追求自由没错，但一定要记住，不被规则束缚的自由是不存在的。"

听了狮子国王的话，哒哒点了点头，陷入了沉思……

指导老师：徐华良

18　野狗和猎犬

蔡涵宇

　　雪后，冬日的阳光冷冷地照着大地，森林里的积雪一时半会儿是融化不了的。一些沟渠里，灌木丛底下，仍堆着天鹅绒般的雪。一只野狗正拖着他的病腿在森林中觅食。

　　在这冰天雪地里，连空气都是清冷的，找到食物谈何容易。饿得奄奄一息的他，正趴在一堆半覆着积雪的枯树枝上，喘息着。再这样下去，恐怕连命也保不住了。

　　"给，我刚捉的野兔！"不知什么时候，一只猎犬来到他身边，把叼在嘴里的野兔放在他面前。

原来，猎犬出来捕食，看到野狗这么可怜，就把刚捕到的野兔给了他。

"谢谢！"不一会儿，野狗就吃完了食物。填饱了肚子后，野狗觉得精神了许多。

"要不，你跟我一起为我的主人效力吧！主人每天都会给我食物，我不用风餐露宿，这样挺安心的。"猎犬说。

"哦，为你的主人服务，就得乖乖地听他的话，那不是就没有自由了吗？再说……"

"当你没有食物的时候，自由算什么！"猎犬打断了他的话。

野狗的脸上闪过一丝犹豫："让我考虑一下，可以吗？"

"行，我家主人就住在这森林边上，你想通了就来找我。"猎犬一闪身，消失在雪地中。

寒冬的雪，总是下个没完没了，第二天，又是一场大雪。对这只病狗来说，这天气简直就是煎熬。又是一整天没有找到食物。哎，就听从猎犬的建议吧！野狗想着。趁着月色，他来到了猎犬的主人家附近。

月光下，门前蜷缩着的，不正是那只猎犬吗？这时，缩成一团的猎犬转了个身，一道耀眼的光刺疼了野狗的眼，他不禁打了一个寒战。猎犬怎么了？猎犬脖子上是什么东西？野狗满腹狐疑。他凑近几步，啊！是铁链，这么粗，还在月光下闪着寒光。猎犬脖子上全是被铁链勒出的伤痕，血红血红的。

二年级　刘峻瑞
指导老师：王嫚婷

野狗向前迈进的脚步不由自主地停了下来。

这时，一阵"哒哒哒"的脚步声传了出来，原来，是猎犬的主人出来了。这是个满脸横肉的男人，手里拎了一个酒瓶，浑身散发着酒气，东摇西晃地走到猎犬面前，骂骂咧咧："你真是不知好歹，昨天分明看见你逮到一只野兔，后来那野兔呢？啊？"猎犬默不作声。主人可火了，一把扯下挂在门上的鞭子，扬起来，对着猎犬"啪"的就是一鞭子。猎犬惨叫一声，滚到一边，想躲开，无奈脖子上的铁链将他扯得紧紧的。"你还躲！今天没肉吃，就吃这点儿剩菜吧！"主人吼道。

"啪！"又是一鞭，紧接着"咣当"一声，猎犬面前的食盆碎成两半。野狗听得心惊肉跳。主人打骂完猎犬，解了气，转身向屋里走去，砰的一声，门被重重地关上了。

那重重的关门声，让野狗怔了一下，他的脑子似乎清醒了许多。他不顾一切扑向前，将猎犬救下来，催着他逃离现场。

　　"这就是你所谓的'幸福'？这就是你所谓的'食物'？你是不是被拴傻了？外面的世界没有那么可怕，跟我一起享受自由吧！"野狗气不打一处来地数落着猎犬。猎犬一句话也说不出来，只是奋力地往前跑。

　　他们一起奔向那片广袤的针叶林，渐渐消失在夜色中。

　　　　　　　　指导老师：余小芬

小明星讨论台

小朋友，你们肯定也很向往自由吧？那什么才是真正的"自由"呢？

真正的自由不是像奔奔想的那样想干什么就干什么，也要遵守一定的规则。

就是就是，哒哒已经体验过了，不被规则束缚的自由是不存在的。

我明白了：勇敢选择，在自己的领域里闪闪发光，给自己带来快乐，也和周围人分享欢乐，这才是自由！

小作家秀秀场

　　小朋友，你眼中的"自由"是什么样的呢？请你围绕"自由"，写一个童话故事。你可以在故事中加入回忆的小故事，也可以插入另外的小故事。大故事里藏着小故事，很有意思！

平等篇

19　交通卫士阿雄

章尹杰

一天，交通卫士小老虎阿雄带着交通护卫队，踏着整齐的步伐，喊着响亮的口号，在森林里巡逻。

"嘀嘀叭叭——呜——"他们走到半路，发现一辆疾驰的小汽车横冲直撞，喇叭按得震天响，轧过小花小草，撞倒了小树。森林里的小动物吓得四处逃窜。

"请停车！"阿雄迅速上前一步，把这辆车拦了下来。"哼，你是谁呀？竟然敢拦我森林小霸王的车，不想活了吗？"车里坐着的是小狮子威威，森林里谁都不敢惹他。

　　阿雄可不怕他，严肃地对他说："威威，你的汽车严重超速，制造噪声，违反了《森林法则》第九条……"威威一听，一声怒吼，龇牙咧嘴地对阿雄说："哼！我爸爸是狮子王，看你们谁敢处罚我？谁处罚我，我明天就让他下岗！"

　　"算了吧，队长，我们都惹不起他！谁让他爸爸是狮子王呢！"阿雄身后的护卫队队员轻声提醒他。

　　"不！威威这样的行为，我们必须要处罚！"

二年级　陈煜
指导老师：王月月

089

阿雄声音响亮地说："法律前面人人平等，哪怕狮子王自己也要遵守法律！"说完，他就和几名队员把威威带到了森林派出所，处罚了小狮子威威，没收了他的驾驶证，禁足一个月。

狮子王知道了，表扬小老虎阿雄执法严明，授予他"狮王奖章"。被禁足的威威也终于明白了：森林法律面前人人平等，谁也不能搞特殊！

指导老师：潘佳露

20 骄傲的大象

舒钰宸

大象壮壮仗着自己身体巨大，在森林王国里称霸一方。他将森林王国里的小动物们召集起来，按着身形大小，给他们划分了等级。小老鼠因为身形小巧，被划为了最低等。

有一天，大象壮壮和小老鼠吱吱相遇了。壮壮昂首挺胸，并没有看见吱吱，它差点就踩到吱吱了。

"你要踩到我了！"吱吱拼命地大喊大叫。

壮壮这才看到吱吱，他不以为然地说："一只小老鼠，最低等的动物，还敢在这里大喊大叫！去去去，赶紧靠边站，要不然，我用一根脚趾就能把你踩扁！"

吱吱听后仰头说："虽然我比你小很多，但你不要瞧不起人，我也是这森林王国中的一员，我们俩是平等的！"

"你这小东西，跟我高贵的大象谈平等，哈哈哈哈……不自量力的家伙！"说完，壮壮扬长而去。吱吱闷闷不乐地回到了家。

"哼，我一定会证明给你看的！"吱吱暗暗下定了决心。

第二天，吱吱正和小兔白白做游戏，听到远处传来呼救声。他们赶紧跑过去一看：不好，大象壮壮被一张巨大的网罩住了。

"吱吱，咱们分头找救兵！"旁边的白白说。

"来不及了，猎人应该马上就会来了，我想办法救他吧！"吱吱想了想说。

"哎，就凭你这个小不点儿，怎么可能有力气救我？算了吧！"壮壮看着吱吱，悲观地说。

吱吱一声不吭地找到大网的绳结。

二年级　张宸彬
指导老师：王嫚婷

"壮壮哥哥，你也不要瞧不起人，上次我迷路了，还是一只小蜜蜂帮了我呢，我相信吱吱可以的。"白白赶忙说。

"咔嚓嚓，咔嚓嚓……"吱吱不断地咬着绳结，终于把网咬破了。壮壮得救了。

壮壮真诚地向吱吱道了谢："吱吱，太感谢你了。以前是我不对，我不该自以为是，觉得你个头小就低人一等。今天你让我见识了每个人都有自己的本领，我真的知道错了，你能原谅我吗？""壮壮哥哥，我从来都没有怪过你。"吱吱笑着说。

从此，壮壮不再给小动物们分等级了。他跟所有小动物都成了好朋友，大家开开心心地生活在森林王国里。

指导教师：杭军丽

21　动物王国奇案

倪妙涵

最近几天，动物王国总是有小动物失踪。今天，兔子警官又接到报案，在房间里好好睡着觉的松鼠宝宝小帅，也莫名其妙地失踪了。

松鼠爸爸带着兔子警官去看小帅失踪的地方：书籍散落一地，垃圾桶倒了，窗户也开着……兔子警官仔细查看每一个角落，发现门上似乎有一个淡淡的爪子印。他喜出望外，赶紧用相机把爪子印拍了下来，并拿出自己随身携带的笔记本电脑，在数据库中比对。结果马上就出来了，这个爪子印居然是老虎大王的弟弟——独眼老虎强强的。

三年级　孙念汝
指导老师：阮乐萍

　　平时强强仗着自己和老虎大王关系好，不是捉弄弱小的羊弟弟，就是欺骗善良的梅花鹿姐姐，作威作福！面对众人的控诉，他还常常把"老虎大王可是我哥，你们就该被我欺负"挂在嘴边，大家敢怒不敢言！

　　"这可怎么办？"兔子警官紧皱眉头，"万一他恶人先告状，告我无端诬蔑，老虎大王是信我还是信他呢？"思虑一番后，兔子警官决定先悄悄给老虎大王写一封信，信内附上了强强的爪子印照片。

这一幕恰好被躲在暗处的强强看见了。他气急败坏，一不做，二不休，先下手为强。就在兔子警官毫无防备之时，强强猛然扑向兔子警官。瘦小的兔子警官终归敌不过强大的强强，他挣扎了几下就被强强踩在了脚下。

"现在我命悬一线，大家却还被蒙在鼓里，该怎么办？"兔子警官的眼前闪过一幕幕画面：初入警校，他庄严宣誓时意气风发的模样；强强阴谋得逞后，露出狡诈的笑容；松鼠一家伤心过度，郁郁寡欢的场景……"不行，我无论如何也要把真相告知大家！老虎大王一定会秉公处理的，法律面前人人平等！"

危急关头，兔子警官全然不顾自己的安危，此时的他只有一个念头：赶紧把信送到老虎大王手里。"哇，起风了！真是天助我也。"趁强强不留神，兔子警官以迅雷不及掩耳之势把信抛向了空中。强强气得"嗷嗷嗷"直叫，但他又能如何？信早已飘向远方……

　　如有神助，信不偏不倚恰好飘到了老虎大王的手上。看了信，老虎大王又痛心又愤怒，他命人立刻把强强抓起来。强强知道后，躲了起来。原来正是他把小动物们抓起来，让大家为他干活、挣钱。

　　老虎家族的成员纷纷来找老虎大王求情，老虎大王的妈妈哭着说："强强可是你唯一的弟弟，再说了，他的眼睛就是为了救你而受伤的，你就不能网开一面，放过他这一次吗？"老虎大王沉思了很长时间，痛苦但又坚定地说："法律面前人人平等，虽然他是我的弟弟，但他犯了《森林法》，一定要严惩，我绝不能徇私枉法！"

　　最后，强强终于被抓住定了罪。他垂下了脑袋，悔恨地说："我再也不违法了，以后一定会牢记——法律面前人人平等。"

指导老师：莫雅军

小明星讨论台

小朋友，读了故事，你们知道什么是"平等"了吗？

平等就是小动物们在森林法律面前个个都一样，谁也不能搞特殊！

对，像老虎大王那样，绝不徇私枉法，就是平等。

平等就是像壮壮那样尊重每个小动物，不再给小动物们分等级。

小作家秀秀场

　　小朋友，你觉得怎样才能做到"平等"呢？请你围绕"平等"，写一个童话故事。不同的场景预示不同的故事，你可以让周围的场景开口说话，使你的故事更精彩。

童话
读写绘 03
樱桃老师教你写出好故事

刘雅萍 著

人民邮电出版社

北京

目录

童话读写绘03
樱桃老师教你写出好故事

公正篇

22　鸟部落的网球比赛

徐子涵

每年春夏之交，鸟部落的"飞扬队"和"同心队"都会进行一场扣人心弦的网球比赛。赢的队伍将被授予"勇敢者"勋章，并参加部落为他们举办的隆重的"虫虫盛宴"。

比赛那天，部落里所有的鸟儿早早地飞到了森林运动场。比赛精彩极了，前两轮两个队的比分是1:1，接下来的第三轮是大决战。参赛选手是"飞扬队"队长旋风和"同心队"队长蓝翅，裁判是旋目。观众看了纷纷议论起来："旋目不是旋风的父亲吗？""那肯定是旋风胜了！""飞扬队可以提前庆祝胜利了！"

　　比赛正式开始了，旋风和蓝翅势均力敌，不分上下。一会儿是旋风凭借自己独特的招式得分，一会儿是蓝翅用他独门的翅膀扑闪努力挥拍，打得旋风无法招架。就这样，网球在他们之间飞来飞去，观众席上传来阵阵喝彩声。第二局结束了，双方以1:1的比分打成平手。

　　决定胜负的第三局开始了。"旋风加油！""蓝翅必胜！"全场沸腾起来！只见蓝翅信心十足地发

三年级　徐子涵
指导老师：沈滟

了一个"弧形轨迹球"，旋风直勾勾地看着蓝翅发来的球，拼尽全力扬起翅膀，采用他一贯的制胜招式把球拍了回去。旋风会赢吗？全场屏住了呼吸……啪！蓝翅击球未中，球落到了场外。全场沸腾："旋风胜利！旋风威武！""飞扬队"的选手们更是激动得满场飞。

可这时，旋目喊道："比赛结束，蓝翅胜利！"啊？什么情况？场上的观众瞬间目瞪口呆，"飞扬队"的选手们你看看我，我看看你，大家都不知道发生了什么。

这时候，旋目做了一个身体触网的动作。原来，刚才旋风回球的时候，他的左翅不小心触碰到了球网，而这一个细节只有作为裁判的旋目看到了。

当全场都以为是旋风胜利时，可想而知，旋目是多么艰难地喊出了这声"蓝翅胜利"，他也知道这会让他的儿子旋风多伤心。

看着旋风垂头丧气的样子，旋目轻轻地拍了拍儿子的后背安慰道："旋风，你没赢得比赛，老爸心里也难受，但事实就是事实，我得在赛场上作出公正的判罚。"

此时，全场响起了雷鸣般的掌声，大家不约而同地朝旋目竖起了大拇指。看，鸟部落的鸽子姑娘们一起衔着一顶"公正无私"的皇冠向他飞来了！

指导老师：徐　松

23 乌鸦吉吉参赛记

尤婧乐

　　春意正浓。各种树木都穿着绿装，披着融融春光，迎着悠悠春风，婆娑起舞，像仙女一般。

　　在这个美丽的春天，动物王国一年一度的"最美歌声大赛"又拉开了帷幕。动物们都希望自己成为大家心目中的"百灵鸟"。

　　乌鸦吉吉也跃跃欲试，但它却没有认真练习，眨巴眨巴两只乌溜溜的眼睛，想出了一个"好主意"。

　　乌鸦吉吉翻箱倒柜，找出了珍藏的肉干，带着这些肉干挨家挨户地拜访。它飞到啄木鸟的窝前："你好啊，啄木鸟嘟嘟！这是我珍藏的肉干，送给你了，比赛的事……""哦，我懂了。"啄木鸟嘟嘟意味深长地笑了一下。

就这样一个下午过去了，乌鸦吉吉的肉干分完了。好多动物都像啄木鸟嘟嘟一样收下了肉干，但它们都将肉干原封不动地挂在了墙上。

到了比赛的那一天，动物们纷纷来听百鸟唱歌并投票。轮到乌鸦吉吉了，它得意扬扬地想："肉干都分好了，我肯定能获胜！嘻嘻，我真聪明！"于是它随便哼了一首小曲。接下来是喜鹊婷婷，啧啧啧，她唱得真好啊！鸣声嘤嘤，优美动听，大家听得如痴如醉。结果喜鹊婷婷以压倒性的优势获得最美歌声大赛的冠军。

乌鸦吉吉涨红了脸，大声质问："你们都收了肉干，为什么不投票给我！"这时，收了肉干的鸟儿们纷纷拿出肉干，说："乌鸦兄弟，肉干我们一点儿也没动，你还是留着自己吃吧，比赛应该公平公正！"

大家你一言我一语，这下裁判可听出了蹊跷："你这是作弊！我宣布取消乌鸦吉吉的参赛资格！"

二年级　陈一钒
指导老师：何斐

乌鸦吉吉一听，抱着自己的肉干号啕大哭："我只是想赢得比赛，哇……""那你应该通过自己的努力，而不是通过这样的方式啊！比赛应该公平公正！"大家都说。

又是一年春天，"最美歌声大赛"如期而至。这回乌鸦吉吉练得可认真啦！这一次，它希望通过自己的努力赢得比赛。

指导老师：丁淑珍

24　大象法官断案记

许诺

　　在一个神秘的山谷里，有一片静谧的树林，树林里住着一群活泼可爱的小动物，它们相亲相爱地生活在一起。相处的日子久了，它们有时也会有一些小矛盾。所以，每逢星期天，需要调解问题的小动物们一大早就会来到大象法官的家门口，等待大象法官帮他们断案。

　　你看，大象法官一大早又忙上了。"叮当——"开庭啦！凌晨四点，天还灰蒙蒙的，一些调皮的小星星还在空中玩耍，月亮还挂在西边的天空中不肯回家，太阳也还赖在被窝里不肯起床。但是森林法庭早已被小动物们里三层外三层，围得水泄不通了。

　　大象法官一脸严肃地听着猫咪兄弟俩的陈述。原来，猫咪兄弟每天都会收入 33 条小鱼干，但是分配这 33 条小鱼干却让他们犯了难，多了一条该如何分呀？大象法官听了，清了清嗓子，说："这样吧，你们不是每天平均分配后会多一条鱼干吗？多的一条今天给猫哥哥，明天给猫弟弟。"猫咪兄弟听了，觉得公平合理，欢欢喜喜地走出了森林法庭。

　　休息的时候，一只狗走过来说："法官大人，下一场官司你让山羊赢吧！"大象法官正纳闷儿，那只狗一阵挤眉弄眼，悄声说："我给你钱，你就让山羊赢吧。"大象法官不动声色地收下了。

　　"叮当——"开庭啦！这次调解的是山羊和绵羊的毛发事件。山羊觉得绵羊侵犯了他的权利，绵羊的毛发太多，在人类那里讨了太多利益和欢心，害得山羊渐渐被人类淡忘。绵羊的毛发应该被剪掉。

二年级　余哲瀚
指导老师：王嫚婷

　　而绵羊却觉得自己很委屈，这毛发不是与生俱来的嘛。双方说完，山羊得意扬扬，仿佛稳操胜券。

　　大象法官两眼一瞪，黑着脸说："某人试图通过中间人买通我，这是行不通的。你把法庭当什么地方了？可以讨价还价的菜市场吗？！"山羊听了大象法官的一番话，羞愧得真想找个地洞钻进去。最后，大家经过商讨，得出了一致的结论：绵羊可以保留自己浓密的毛发。

　　时间过得真快，等下一个星期天来临，不知道森林里的小动物们又有哪些矛盾要请处事公正的大象法官帮忙处理呢？让我们拭目以待吧！

　　　　　　　　　　　　　　　指导老师：毕珠叶

小明星讨论台

小朋友，读了故事，你们想把"公正"的皇冠送给谁呢？

我想送给旋目。他真是一个做事公正、不徇私情的好裁判！其实，他也是一个爱孩子的好爸爸。

比赛应该公平公正！"最美歌声大赛"的评委们都做到了。我想把"公正"的皇冠送给他们。

大象法官明察秋毫，非常公正！我想把"公正"的皇冠送给他。

小作家秀秀场

　　小朋友，你觉得谁也可以戴上"公正"的皇冠？请你围绕"公正"，写一个童话故事。如果故事情节一波三折，让人意想不到，肯定特别吸引人。

法治篇

25　啄木鸟审案

倪一恒

在茂密的森林王国中，有一片丰茂的草地，上面开着五彩缤纷的小花，中央有一块大鹅卵石。这就是森林法庭，啄木鸟是这儿的大法官。

这天又是开庭日。啄木鸟还没到，草地上已经挤满了小动物：有叽叽喳喳的小麻雀、英俊潇洒的燕子哥哥、白发苍苍的白头翁……大家议论纷纷，猜测判决结果。

"这布谷鸟真是坏啊，我看这下它有好果子吃了。"

"我不这样认为，我觉得是花喜鹊太小家子气。"

就在大家议论纷纷的时候，穿着威严的法袍、戴着司法假发的啄木鸟飞上了那块大鹅卵石，敲着法槌，大声说：

"大家保持安静，对于本案，根据《森林民事法典》第 18 条 18 款：住宅为私人资产，受法律保护，任何人不得侵犯，若有侵犯者，可判处有期徒刑三个月。因此，本案做出如下判决：即日起，布谷鸟立即带着孩子搬离花喜鹊家，一日内搬完，同时判处布谷鸟有期徒刑三个月。望大家引以为戒！"

听了这样的宣判，草地上一下子就炸开了锅。

森林法庭

二年级　张晓奕
指导老师：王嫚婷

"这也太严重了吧，布谷鸟只是暂住了几天而已。"

"就是啊，以前布谷鸟也这样做啊，都是先把卵产在喜鹊家里，让喜鹊孵化抚养，从来也没听说过哪只喜鹊去法院告布谷鸟的。这花喜鹊也太不厚道了……"

"肃静！肃静！"啄木鸟又用法槌敲了敲大鹅卵石，朗声说：

"的确，布谷鸟一直是这样繁衍后代的，但是这不是他违反法律的理由，也不应该成为我们为他辩护的理由。在法律面前，人人平等；对法律，人人都要遵守，人人都要知晓。"

啄木鸟看了看底下的动物们，又指着花喜鹊说："喜鹊愿意抚养布谷鸟的孩子是一种善良的表现，但是喜鹊不同意，也是可以的。花喜鹊不愿意替布谷鸟抚养孩子，不愿意把自己的住宅给布谷鸟住，这不能说明花喜鹊不厚道，相反，花喜鹊这是对自己的财产、人身安全有着强烈的保护意识，值得大家学习……"

　　听了啄木鸟的话，大家陷入了沉思。这时，花喜鹊开口了："法官大人，看在布谷鸟的孩子年幼，需要父母照顾的份儿上，我请求减免布谷鸟的罪行。"为布谷鸟求情的正是花喜鹊。

　　啄木鸟看看深有悔意的布谷鸟，又看看一脸真诚的花喜鹊，说："的确，看在孩子需要照顾的份儿上，又有原告的谅解，暂缓执行判决，待孩子长大再执行。"

　　这时，草地上掌声雷动，大家都称啄木鸟为"青天大法官"。

　　布谷鸟的孩子依然和花喜鹊的孩子住在一起。每天花喜鹊教孩子们读书写字，布谷鸟呢，在天刚亮时就会飞出去找虫子给孩子们吃。两位妈妈合作带娃，其乐融融。

指导老师：倪华东

26 小霸王威威

屠桢

在茂密的森林里，有一所美丽的森林动物学校。小动物们一起学习，一起玩耍，可开心啦！

可是，最近学校里来了一位淘气的插班生——小老虎威威。威威仗着自己个头大，老是欺负其他同学。如果谁去向老师报告，威威还会找机会报复，令大家苦不堪言。

美术课上，和蔼可亲的山羊老师教大家剪纸，小动物们自由自在地剪了起来。霸道的威威却非要让小动物们都剪大老虎，大家都敢怒不敢言，只好服从他。只有小狗汪汪坚持自己的想法，剪了自己最喜欢的骨头。威威看见了，一把夺过汪汪的"骨头"，用力揉成一团，扔向了垃圾筒。汪汪伤心得直流眼泪。

放学了，汪汪和小伙伴们一起走出校门。他发现前面的大树下面有一根诱人的骨头，飞快奔去，一口咬住了那根骨头。这时，从树后传来威威哈哈大笑的声音："哈哈，上当了吧！我要让你尝尝不能张嘴说话的苦头。"汪汪怎么也张不开嘴，原来威威又干坏事了，他在骨头上涂了

二年级　张晓奕
指导老师：黄珊

胶水。

"这个威威实在是太无法无天了！"小兔子气愤地说。

"我们该怎么办呀？"小猪担心不已。

"发生了什么事？"黑猫警长正驾着他的警车路过，关心地询问。大家你一言我一语地向黑猫警长控诉威威欺负小动物们的恶行。

黑猫警长听完小动物的控诉，气得皱紧眉头，握起拳头。他打电话叫来威威的父母，勒令他们严格管教自己的孩子。

森林学校又恢复了往日的欢乐。

指导老师：陈丽萍

27　狮国与狐国

王琪涵

森林里有两个王国，它们的制度和民风民情截然不同。狮国富强文明，百姓生活安定；狐国却动荡不安，民不聊生。

一天，狮王的侄子毛小狮开车撞伤了一只老山羊，毛小狮犹豫再三，还是因为害怕逃逸了。当警察找到毛小狮时，他早已准备好了所有积蓄要赔偿给老山羊。法官也没有因为毛小狮是狮王的侄子而徇私枉法，而是依法处罚了毛小狮。毛小狮认识到了自己的错误，承担了责任。

猪姑娘开了一家杂货铺，她诚信经营，童叟无

二年级　章欣晨
指导老师：阮乐萍

欺，因此她的生意做得风生水起。猪姑娘不仅生意做得好，人品更是好。每次看到有孩子表现出坏习惯，她总是会严肃指出，并且对他们进行批评教育。还有一些有心事的客人，也总是找猪姑娘倾诉，她总能做最好的聆听者和最知心的调解员。所以，她有了一个美名——"热心猪姐姐"。

　　而这时，狮国小学里正在举行一场大型的募捐活动。全校师生都争先恐后地捐款捐物，大家力所能及地帮助贫困百姓。财政部也积极支持社会上的一系列扶贫活动。全国人民都在一起努力，响应"我带着你，你挽着我，共同致富"的口号。

狐国，是一个典型的"家族王国"。狐国国王率领着家族其他狐狸掌管着国家的一切事物。

"抢劫啊！抢劫啊！"惊恐的呼救声打破了黎明的寂静。只见一只身强力壮的狐狸恶狠狠地拽着兔小姐的手提包，一用力，兔小姐就被拽倒在地，鼻子也磕出了血。狐狸轻蔑地瞟了瞟摔在地上的兔小姐，头也不回地跨上摩托车扬长而去。路上的行人，好像撞了邪似的，无动于衷，冷漠地从兔小姐身边走过。"冷漠"已成为这个国家的常态！

菜市场里，狐狸哥掌管了所有事。他正挨家挨户收取着所谓的保护费。体弱多病的鸡大婶弓着背向狐狸哥恳求他宽限几天。只见狐狸哥一脚踢翻了鸡大婶的菜摊，还给了她几记重拳，之后骂骂咧咧走向下一家。鸡大婶忍无可忍，咬牙报了警，可警察一听告的是狐狸，反倒恐吓鸡大婶，让她多一事不如少一事，希望她息事宁人。"徇私枉法"已成了狐国的代名词！今晚，必定是鸡大婶的难眠之夜啊！

在狐国，有权有势的人无法无天，穷人有理没处说，整个国家越来越衰败，再加上邻国虎国的侵略，狐国已经到了濒临灭亡的境地。万般无奈之下，狐国国王只好求助于狮国，并向狮国学习治国策略，尤其是重新制定了健全的法律法规，做到有章可循、有法可依。后来，狐国也逐渐成为一个富强民主、文明法治的国家。

指导老师：李维维

小明星讨论台

小朋友，读了故事，你明白了什么，你能说说什么是"法治"吗？

像啄木鸟那样，依据《森林民事法典》断案，引导大家知法、守法，森林王国就成了法治社会。

法治社会绝不容许一个人像小霸王威威那样欺负弱小。如果谁违反，他就会受到法律的制裁。

一个国家如果能像狮国那样有章可循、有法可依，就会成为富强民主、文明法治的国家。

小作家秀秀场

　　小朋友，你眼中的法治社会是怎样的呢？请你围绕"法治"，写一个童话故事。写童话离不开想象，你可以根据眼前的东西展开想象，也可以天马行空，自由自在地想象。小朋友，张开想象的翅膀飞起来吧！

爱国篇

28 兔国保卫战

张进

"启禀猫王陛下，我国出现粮食短缺的问题。国内土地贫瘠，每年的收成都不好。"农业部部长结结巴巴地向猫王汇报着。猫王横了农业部部长一眼，冲着全体臣子吼道："一群没用的家伙，去把邻国兔国的土地抢过来呀！"于是，猫国发动了对兔国的侵略战争，兔国顽强抵抗，苦苦支撑，一直没有屈服。

这天，兔国新军的军长正带领兔兵们操练："刻苦锻炼，保家卫国。抬头挺胸，马步扎稳……"就在这时，报信员高举一封信，火急火燎地跑了过来："报告军长，十万火急，城墙上钉着一封神秘的加密信。"兔军长打开信，发现是"无字天书"。他把信纸往特殊的水里一浸，信纸上的内容就显现出来了："你想要吃不完的萝卜青菜吗？你想要穿不尽的美衣华服吗？你想住高科技全自动兔屋吗？只要你在猫兔之战中放弃抵抗，积极配合我方军队，这些都可以满足你，甚至还有你意想不到的好处。不然的话……你家小儿黄黄在我的手上……你可要想清楚了……"

怎么办？怎么办？一边是骨肉亲情、美好生活，一边是国家大义、职责担当。兔军长心中的天平上上下下，难以平衡。过了好一会儿，一条妙计浮现在他脑海中。于是，他假意屈服，回信时用莫尔斯电码暗示儿子，会有兔国的将士前去营救他。

猫国军队以为自己在接下来的战役中会轻松取胜。猫将军信心满满地对士兵们说："这一战必定大获全胜，有小兔黄黄在，还怕兔军长不乖乖就范？主将都是我们的人了。弟兄们，放心好了，一会儿，我们喝庆功酒。"

月黑风高，猫国军队有恃无恐，长驱直入。他们哪里料到，兔国早就做好了万全的准备：有用安眠药浸泡过的咸鱼；有内嵌麻醉剂的玩具绒线球；还有美味猫粮，当然这猫粮里也拌了吃后会浑身酥软的药物。猫国的首领还以为兔军长投降得彻底，这么快就开始讨好猫国了，于是开心地对部下说："该吃吃，该喝喝，我们的庆功宴提前了。这兔军长，就是一个见利忘义的小人呀！"一通胡吃海喝之后，猫军都迷迷糊糊的了。这时，兔军长和士兵们拿着藤条出现了，把猫军都捆了起来。

与此同时，兔军长请兔国挖洞最厉害的三位将士挖地道前去营救黄黄。猫军对黄黄的看管一直比较松懈，他们万万没有想到，黄黄早就从地道里逃脱。等猫军想要用黄黄威胁兔军长，换回被抓的猫军士兵时，才发现牢房里多了一个黑洞洞的窟窿，黄黄早就不见了踪影。

兔国的上空回荡着胜利的歌声。在歌声中，兔

四年级 张进
指导老师：俞国亚

军长一脸正气，操练着士兵："刻苦锻炼，保家卫国。抬头挺胸，马步扎稳……"

指导老师：金玉玛

29　小树的使命

李星辰

小树一家生活在森林里，它们有很多朋友。

清晨，百灵鸟昂着头，亮起嗓子，在森林上空飞过，用优美的歌声把小树从睡梦中唤醒。中午，啄木鸟医生来了，挨个给树木检查身体，"笃笃笃"地把害虫抓走。到了晚上，小松鼠、小白兔、大象来到小树身边，陪它一起做游戏。

小树很羡慕动物们，也想到处去玩一玩。树妈妈对小树说："孩子，每个人都有不同的使命。"小树挺了挺胸膛，问："那我的使命是什么？我要去完成。"妈妈语重心长地说："这里原来是一片沙漠，人们千里迢迢把我们送来这里，就是为了让我们守卫这片土地，将沙漠变成绿洲。你要快快长大，保卫好这片森林，守护我们的家园。"小树听了，用力点点头。

一天早上，小树醒来，发现漫天风沙遮住了太阳，挡住了蓝天和白云。原来是沙漠里的沙尘暴魔王率部队来侵略森林王国了。沙尘暴魔王咆哮着："我是万物的主宰，江河见我皱眉，大树见我弯腰，动物见我逃跑。我今天要把你们连根拔起，一网打尽！让这片森林变回我的领地……"

森林里的大树们都张开了高大的树冠阻挡沙尘暴魔王的侵袭。看着自己的家园笼罩在一片沙尘之下，小树们气得直咬牙："我们一定要把沙尘暴狠狠教训一顿，让它不敢再来捣乱！保护好我们的森林。"

说完，小树们一起使劲吸水，紧紧抓住脚下的泥土，手拉着手，张开树冠，挺直了腰背，齐心筑起巨大的屏障。看到小树们这么勇敢，动物们也一

起来帮忙。小鸟、小兔子用石头打得沙尘暴魔王晕头转向，大象用长鼻子吸了水，喷得沙尘暴魔王成了"落汤鸡"。不一会儿，沙尘暴魔王就筋疲力尽，败下阵来，连连求饶："哎哟，哎哟，痛死我了，这片森林真难对付，我以后不来了……"

沙尘暴魔王带着满身的伤痕，垂头丧气地逃走了。太阳公公终于又露出了笑脸，蓝蓝的天上飘着朵朵白云。小动物们又能在森林里快快乐乐地生活了。

三年级　赵笑筱
指导老师：徐晓霞

　　小树开心地笑了，说："妈妈，我知道我的使命了。我一定要快快长大，守卫森林，保卫家园，让我们的国家更加强大，更加美好！"大树妈妈微笑着点点头。

　　小树每天用力地喝水，悄悄地把自己的根扎得更深更远……

　　　　　　　　　　　　指导老师：王意娟

30　水王星之歌

黄鑫泷

　　浩瀚的宇宙中有无数星球。金王星上有个小男孩叫泷泷，他聪明又顽皮。在八岁生日那天，爸爸告诉了他一个惊天大秘密。

　　原来他们的祖先是水王星上的居民，被可恶的金王星人打败，抓到了金王星上。水王星人身上的能量通道全部被封闭，他们无法回到自己的家园。金王星的首领规定：水王星人必须忘记自己国家的语言，忘记水王星的历史，世世代代为金王星人服务。但是水王星人不愿屈服，秘密地把自己国家的语言和历史传了下去，偷偷地让孩子们学唱《水王星之歌》。传说只要有 100 个水王星的孩子一起唱起《水王星之歌》，水王星人身上封闭的能量通道就会自动打开，他们就能回到自己的家园了。

泷泷听了爸爸的话，握紧了小拳头，坚定地说："爸爸，我要参加，我一定要学会唱《水王星之歌》，帮助大家重返水王星。"

可是孩子们学唱《水王星之歌》太不容易了。因为金王星的首领早就料到他们会秘密学习本国的语言，所以就给他们吃了特制的药丸。要想学水王星的语言，必须在 99 天内，嘴巴里含着石子，不能吃金王星上的食物，也不能喝金王星上的水。这个困难不是一般的孩子能克服的。很多孩子学了几天就放弃了，所以好多年过去了，才凑到 99 个孩子一起唱《水王星之歌》。

只差一个孩子，泷泷义不容辞，开始学习了。第一天，他觉得嘴巴里含着硬硬的石子，太难受了；第二天，他因为不能喝水，嗓子眼干得直冒烟；第三天，他因为不能吃东西，肚子饿得"咕咕"叫；

040

五年级　邵琦
指导老师：章菁菁

第四天，他的嘴巴都干裂了，淌着血……他快要坚持不住了！小鸟们看到了，飞到了地球上，采了小红果，送到泷泷的嘴边。泷泷吃了小红果，继续坚持练习唱《水王星之歌》。经过99天的艰苦练习，他终于学会了自己星球的语言，了解了水王星的历史和文化。

在一个阳光明媚的日子里，100个水王星的孩子在一条清亮亮的小河边，唱起了《水王星之歌》。好像听到了召唤，瞬间，所有水王星人直起身子，挺起胸膛，身上的血液好像洪水一样奔涌了起来，把封闭的能量通道冲开了。他们产生了无穷的力量，在宇宙中飞了起来。终于，他们又回到了自己美丽的家园——水王星。

宇宙中回荡着他们的歌声："滴答滴答，咕嘟咕嘟，叮咚叮咚，哗啦哗啦，江河湖海，波涛汹涌，百川归流，水王星球……"

指导老师：金亚芬

31 神州鱼大战魔鬼鱼

赵梓懿

在一个国家领海的最南端，有一片美丽、神奇的海域，那里生活着一群聪明勇敢的神州鱼。

清晨，海风轻轻拂过，海面上波光粼粼。神州鱼们你追我赶，时而聚集如燃烧的火炬，时而散开如绽放的花朵，欢乐的笑声回荡在海面上。

哇，好大一片"乌云"，着实把鱼儿们吓了一跳。难道暴风雨又要来了吗？鱼儿们抬头看去，只见一条身穿黑灰色风衣的魔鬼鱼，在海平面上缓缓地滑行，贼溜溜地四处张望着。看到神州鱼，它低下头威胁道："这么美丽的地方，以后就归我住了，

三年级　聂翎伊
指导老师：王嫚婷

你们给我立刻离开！"

　　鱼儿们一愣，马上聚拢在大神州鱼周围，肩并着肩，异口同声地回答道："不行，这是我们的海域，应该是你离开这里。"

　　魔鬼鱼见状，更加凶神恶煞，扯着嗓子吼："谁说是你们的？我就要住在这里！"

　　大神州鱼上前一步，大声说："魔鬼鱼先生，你还是好好回去读一读《和平公约》吧！这里一直都是我们的地盘。"

"这里有我们刚刚建成的万里礁机场。"

"你看，那是我们在青青岛上种下的绿色树苗。"

"大海中间的星星岛灯火通明，是我们已经采购的发电机在发电。"

"新兴岛上那一条一条的环岛大马路，看到了吧！那也是我们刚刚建成的。"

…………

神州鱼越聚越多，魔鬼鱼的"乌云"越来越小。

"对！这里是我们的家，我们正在建设她。""你必须马上离开！"喊声此起彼伏。

一条小神州鱼唱起了歌："美丽的祖国，可爱的家园，我们是爱国爱家的勇士……"鱼群也跟着唱起来，不一会儿，歌声响彻整片海域……

魔鬼鱼面色苍白，无力反驳，只好灰溜溜地逃走了。

指导老师：陈金水

小明星讨论台

小朋友，读了故事，请你们说说怎样做一个爱国娃。

哇，兔军长真是威风凛凛，他是我的偶像。我要像他那样，强身健体，练好本领，保家卫国。

我要像小树那样，快快长大，守卫家园，建设家园，让我们的国家更加强大，更加美好！

泷泷热爱水王星的文化和历史，克服重重困难，回到自己的家园。他是个爱国娃。我特别喜欢我国的诗词、书法，我也是个爱国娃。

小作家秀秀场

　　小朋友，你身边有哪些爱国娃呢？请你围绕"爱国"，写一个童话故事。确定故事里的主角，把特写镜头对准他（她），重点写他（她）怎么说，怎么做。这样给人的印象就会特别深刻。

敬业篇

32 熊熊石头厂

郑乐瑶

大森林里，有两家熊熊石头厂：一家在南边，叫南厂；一家在北边，叫北厂。这两家厂都是熊老爹开的，他敬业勤劳，生意可红火了。动物们造房子，做石桌子、石凳子等，都是向熊熊石头厂订购材料的。

后来，熊老爹年纪大了，干不动活了，就把熊熊石头厂给了两个儿子。北厂归熊老大，南厂归熊老二。

熊老大每天起早贪黑，去百里外的大山搬运石头，经常累得腰酸背痛。他回来后还要根据客户的

需求，亲自设计图案、加工处理。他为大森林精心
搭建了一座座石拱桥，为森林学校的小动物们做了
石头滑梯，为森林公园做了别致的石桌、石凳……
动物们纷纷夸赞："瞧瞧，熊老大的手艺比熊老爹
还好！""是呀！是呀！干一行爱一行，熊老大每
天都在认真研究怎么做好手中的事，真是太敬业
了！"熊老大听了，心里乐开了花。北厂的生意越
来越红火了。

南厂呢？门前冷冷清清，都没有客户登门了。
这是为什么呢？原来熊老二自幼对管理工厂的事情
不感兴趣，只会拿着以前的石材售卖。厂里的石材
卖完了，南厂就只好关门了。熊老二后悔极了。

熊老爹知道了，就把两家厂都交给熊老大管理。
熊老二呢？熊老爹见他待人很热情，也喜欢跑来跑
去跟动物们交朋友，就让他当快递小哥，开着"熊
熊速递"货车，专门给客户送货。这个工作熊老二
得心应手，货物送到了，大家都会给他五星好评。
他越干越起劲。渐渐地，熊老二就成了森林里最

二年级　毛恩羲
指导老师：肖珏

敬业的快递小哥了。

　　在熊老大、熊老二的努力下，熊熊石头厂的生意越来越红火了。

指导老师：杭渭锋

33　安全员小斑马

宋佳宁

　　森林里要举办第一届森林马拉松大赛，好多小动物都来应聘后勤服务人员、裁判、啦啦队队员……在这些应聘人员中，小斑马很幸运地被录取为本次比赛的安全员。小斑马太高兴了，他想：我一定要认真做好自己的工作，保证比赛顺利进行！

　　小斑马开始认真学习和马拉松大赛有关的安保知识。一天天，一次次，他不知疲倦地对线路进行实地考察，设置路标，维护比赛线路，等等。时间在小斑马每天的学习和工作中流逝。到了比赛前一天，小斑马还在检查各种安全设施，他一会儿敲敲这里，一会儿拧拧那里，一直忙到太阳落山，才筋疲力尽地回家。第二天，天刚蒙蒙亮，他早早来到比赛场地，对整条线路又做了最后一次大检查。他做这些都是为了迎接比赛的到来。

森林马拉松大赛正式拉开帷幕，经过激烈的角逐，小动物们都取得了自己满意的成绩，脸上露出喜悦的笑容。此时的小斑马呢？他正在默默地清理路上的杂物，汗水流过他通红的脸颊，滴落在马路上，那么晶莹，那么透亮！

二年级　章欣晨
指导老师：金婷婷

　　大赛组委会为了感谢小斑马的辛苦付出，把"敬业奖"颁给了他。在大家的掌声中，小斑马激动地接过奖杯，将奖杯高高地举过头顶。

指导老师：褚晓浓

34 明星警察汪汪

张天依

　　小猎狗汪汪是森林王国的明星警察，有一个灵敏的鼻子，帮母猪找到过走失的小猪，为母鸡抓获过偷蛋的黄鼠狼……

　　这一天，兔妈妈哭泣着来向汪汪报案："狡猾的狐狸绑架了我的女儿！快去救救她！"汪汪接到报案后急忙赶到案发现场。兔妈妈说明了情况："昨天，我出去采蘑菇，让女儿爱爱一个人在家，再三叮嘱她不要给陌生人开门。可我回到家的时候，爱爱却不见了。我找遍了家里的每个角落，问遍了左邻右舍，都没有发现爱爱的踪影。最后在桌上发现了一封信。"兔妈妈把信递给汪汪。信上面写着，"兔子，你女儿在我手里，要想她平安，就用你们家的传家宝来换。——狐狸"。

这下，明星警察要发挥他的特长了。他让兔妈妈拿出小兔子爱爱平时穿的衣服，认真地闻了好久，然后胸有成竹地说："可以了。"话音刚落，他就沿着爱爱的气味，开始寻找。汪汪先在垃圾桶旁找到了爱爱的玩具，又在路边发现了爱爱的一只鞋，还在河边的大树下发现了另一只鞋。

就在这时，汪汪的表弟小黑不知从哪儿跳了出来，说："表哥，今天是购物节，我们去商场买你想要的多功能机器狗吧！"汪汪严肃地说："我身为动物警察，在动物遇到危险时，怎么能为了自己的喜好而放弃职责呢！现在小兔子爱爱遇到危险，我得尽快把她救出来。"小黑说："可多功能机器狗只有十台，你过了时间不去买，它们马上就会被别的顾客买走的。而且购物节多热闹啊，有好吃的、好玩的！再说了，狐狸抓爱爱是为了得到兔子家的

二年级 倪思若
指导老师：陈蓥莹

传家宝，没有得到传家宝，狐狸是不会伤害爱爱的。等逛完商场你再去救她也不迟啊！"汪汪却一点儿也不动心，动物警察的强烈责任感让他毫不犹豫地拒绝了小黑的提议。

汪汪一边低着头东嗅嗅西嗅嗅，一边竖起耳朵用心聆听四周的响动，哪怕最细微的声音也不放过。拐过公园，后面是偏僻的山林，在密密的树叶下，几乎找不到一条小路。"有了，这儿有爱爱的气味！"汪汪信心更足了。"救救我——救救我——呜呜——"远处隐约传来呼救声。汪汪警觉地抬起头，向四周搜寻。

他一会儿低头寻觅，一会儿快速奔跑，一会儿静立凝视，终于发现了狐狸的脚印和小兔子爱爱挣扎时留下的痕迹。爱爱的呼救声越来越明显。终于，汪汪在一丛隐蔽的灌木下的山洞里找到了爱爱，她被绑得动弹不得，狐狸喝醉了，在一旁呼呼大睡。汪汪毫不费力地抓住了狐狸，爱爱得救啦！

消息传开了，大家都为汪汪点赞。为表彰汪汪，森林国王颁给他"最敬业明星警察"勋章。

指导老师：黄国炎

35　守护青青小镇

孙晨炜

　　大草原上的青青小镇最近很热闹，为什么呢？因为马上就要过年了，大家都在欢欢喜喜地准备年货。离家奋斗的人们也都要收拾收拾赶回来啦，这真是让人无比期待的事情啊！

　　可是，一种病毒却在这时偷偷地靠近，入侵了青青小镇，让小镇上的不少动物患上了一种怪病。患病的动物又发热，又咳嗽，有些甚至来不及抢救就被病毒夺走了生命。医生和护士都忙不过来了，医疗物资也慢慢不够用了。青青小镇被一片阴霾笼罩，大家的脸上再也看不到笑容了。而病毒这个坏家伙，还在慢慢地向其他地区的动物们发动攻击，想要扩大自己的地盘。

不能让恶魔病毒得逞！

青青小镇的百灵鸟播音员每天在大喇叭里劝导大家不要出门，从而延缓病毒扩散。她说得嗓子都哑了。现在，青青小镇上几乎看不到动物的行踪，因为大家都乖乖待在家里。

青青医院里的医生和护士们正忙得不可开交。其中最忙的就数兔子医生黑耳朵了。护士站里响

二年级　谢钰婷
指导老师：阮乐萍

起了一阵紧急呼叫："005病房呼叫！005病房呼叫！"听到紧急呼叫，黑耳朵和几个护士急忙赶过去。原来发出呼叫的是一头小象，他呼吸困难，就按下了呼叫铃。"快拿氧气瓶来！"黑耳朵说，"白兔护士，帮我！"经过一番治疗，小象好了很多，黑耳朵这才松了一口气。

刚刚走出病房，黑耳朵就听到："003病房呼叫！003病房呼叫！"于是，他又跟护士们马不停蹄地赶了过去。

危急时刻，其他地方的医生、护士来不及与家人告别，纷纷赶往青青小镇支援。兔子护士长耳朵得到家人的支持，加入了支援医疗队；河马医生大板牙已经连续多日没有好好休息，放弃了调休的机会，毅然奔赴最危险的地方；白发苍苍的老专家羊博士，不顾风险也来到了这里……他们顾不上害怕被传染，因为慢一秒就会有更多的动物丢掉性命。他们更没有太多时间休息，因为他们怕多休息一分钟，死神就会从他们手里夺走一个生命。

小百灵就是被长耳朵和大板牙以及一众医生护士拼命从死神手里抢回来的。送到医院的时候，小百灵已经成了"哑百灵"，她自己都以为这回真要完蛋了。经过三天三夜的抢救，医生们不断调整治疗方案，熬红了一双双眼睛，小百灵终于转危为安。她清醒后说出了第一句话："谢谢你们给了我第二次生命！"

在这场与病毒的战斗中，大家纷纷挺身而出，把爱当作武器，以血肉之躯守护着美丽的青青小镇。有了这些敬业的医护人员们，病毒的传播迅速得到了遏制。不久，青青小镇又恢复了从前的喜乐祥和！

指导老师：任春燕

小明星讨论台

小朋友，读了故事，我们来评比"敬业星"。记得要说说你的理由哦。

我把"敬业星"送给熊老大。他干一行爱一行，每天都在认真研究怎么做好手中的事，真是太敬业了！

我要把"敬业星"送给小斑马。他默默无闻地做好自己的工作，保证比赛顺利进行！

我要把"敬业星"送给青青医院的医务人员。他们面对病毒，不顾个人安危，无私奉献，守护着众人的生命。

小作家秀秀场

　　小朋友，你一定发现了身边有很多"敬业星"。请你围绕"敬业"，写一个童话故事。你也可以用"三"字里面的小秘密，用"反复"结构，写三段相似的小故事。

诚信篇

36 小兔莱恩的马拉松

何奕衡

"加油！加油！"森林学校运动会的最后一个项目——马拉松长跑快要结束了，动物们聚集在终点等待运动员。

远处，一个身影出现了，观众席上顿时沸腾起来。接着后面又出现了第二个、第三个身影……大家看到了跑在最前面的小兔莱恩，只见他满面笑容，飞快地跑着。小豹弗兰克和小狗奥尼斯特远远地落在后面，他们两个都气喘吁吁、汗流浃背，看起来已经筋疲力尽了。很快，小兔莱恩以胜利者的姿态第一个冲过了终点线。随后，小豹弗兰克和小狗奥尼斯特依次跑过了终点线。

准备颁奖了，小兔莱恩得意扬扬地站在领奖台后，小豹弗兰克和小狗奥尼斯特站在小兔莱恩的两侧。大象老师大声念："第一名是……"台下的动物齐声喊了起来："小兔莱恩！小兔莱恩！"

正在这时，老鹰裁判长急匆匆地飞到了大象老师边上，对大象老师耳语了几句。大象老师听了以后，表情一下子变得很严肃，他抬起头来大声宣布：

四年级　薛妮可
指导老师：曹潇雨

"第一名小豹弗兰克，第二名小狗奥尼斯特，小兔莱恩取消名次！"

大象老师的话如同一滴水掉进了一锅热油中，动物们一下子惊呆了，顿时议论纷纷。

大象老师接着说："小兔莱恩跑到山的那头的时候，趁人不注意偷偷地抄近路，没有诚实地沿着规定的赛道跑，违反了公平竞争的原则，所以被取消名次。"大伙儿这才明白是怎么回事。大象老师继续说："我们不论做什么事情都要诚实守信，不管有没有人监督我们。"

小兔莱恩偷偷地从领奖台边溜了下来，低着头，红着脸，羞愧难当，心想："我以后再也不做不诚信的事情了！"

指导老师：丁淑珍

37　狼商人和狗商人

葛俊辉

夜幕降临，忙了一天的狼商人，看了一眼店铺左右的两列大字"诚信为本""童叟无欺"，"扑哧"一笑，明天就是他的新店开张的大好日子。关上店门，他不屑地瞧了一眼对面狗商人那毫无新意的招牌，心想：多少家店都被我打垮了，我还怕抢不了你狗商人的生意？

第二天早上，狼商人早早来到店铺，脸上堆着谄媚的笑容，脸上的肥肉一颤一颤的。他没有雇伙计，而是自己吆喝："走过路过，不要错过！全场半价！全场半价！质量保证，价格优惠……"

　　大量的顾客涌进了狼商人的店铺。这热闹的场景将狗商人店里不多的顾客也拉走了。狗商人一脸平静，扶了一下眼镜后，继续一丝不苟地清理着商品，把即将过期的商品放到了收纳箱里；细心挑拣早上刚到的果蔬，去除压坏的果子、损坏的菜叶，然后按类标价。自始至终，狗商人都没有理会狼商人投来的小人得志的眼神。

　　这时，兔小姐也走进了狼商人的店铺。顾客非常多，货柜前都是人，兔小姐看了一眼价签，实在便宜，她暗暗高兴，打算备足一周的蔬菜。

　　穿过人群，兔小姐来到了蔬菜货架前，左挑右选，拿了一大捧看起来很新鲜的菜，付了钱，高兴地往回走。她一不小心被其他顾客挤了一下，菜掉到了地上，绑菜的绳子断了，里面的菜露了出来。兔小姐见了大吃一惊，里面怎么尽是些枯黄的菜？她回过身，刚想去问问，却见狼商人脸上堆着笑，眼神却恶狠狠的，白森森的尖牙露出不善的警告。

　　兔小姐连退数步，心慌意乱地跑出了店门。她

三年级 聂翎伊
指导老师：陈蓥莹

瞥见店铺左右的那两列大字，感觉是那样讽刺。

夕阳西下，顾客渐渐散了，好多人觉得买到了价廉物美的商品，兴冲冲回家了。

小鹿斑比一到家，就想试穿那件特别中意的衣服。他打开包装袋，才发现衣服连标签都没有，还有明显的折叠痕迹，是二手的。斑比像泄了气的皮球，又沮丧又愤怒，谁让自己招架不住狼商人的花言巧语呢，图便宜，看都不仔细看，买了就走。

熊大爷也在叹气，客厅里的二十八瓶蜂蜜，只有一瓶还有六个月的保质期，其余的，下个星期都要过期了。这狼商人做生意，也太不讲诚信了。他开始怀念上个月在狗商人那里买的蜂蜜了，那可真是又新鲜又纯正。

至于兔小姐呢，她看着已被扔进垃圾桶的蔬菜，想了想，打开电脑，写起了邮件，向森林诚信经营委员会投诉狼商人的不诚信行为。她所生活的地方，已经十年没有出现过这么欺诈顾客的商铺了。

两三天以后，狼商人的店铺就门庭冷落了。无论他怎么吆喝，怎么想法子，都没人来了。相反，狗商人的店又与以往一样，顾客盈门了。

能赢得人们信赖的，一定是诚信的经营方式。狼商人到现在还未醒悟，他不知道，于个人而言，诚信是立人之本；于生意而言，诚信是立业之本。

指导老师：陈红霞

38　拉蒙先生与波斯猫

刘宗茵

　　冬夜，大雪纷飞。壁炉中的炭火"咔嚓"作响，不时迸出一两点火星。拉蒙先生独自在家，坐在壁炉前的藤椅上昏睡，身上盖着厚厚的毯子。他病了。

　　"叮咚——"门铃声惊醒了拉蒙先生。他哆嗦着起身，吃力地打开一条门缝。"您好！老先生。打扰您休息了，雪夜难行，您能收留我一晚吗？"一只波斯猫在门外恳求道。他穿着一件褪了色的风衣，满脸疲惫。拉蒙先生把他请了进来。瞧着拉蒙先生一脸的病容，连走路都在摇晃，波斯猫连忙关切地问："老先生，您病啦？我送您去医院吧？"

拉蒙先生虚弱地回答："老毛病了，吃点儿药就好了。可是，我的药已经吃完了。这下雪天，我怎么去买啊？"波斯猫想了想，说："这样吧，明天我去帮您买药！"拉蒙先生感激地点点头。这一晚，外面寒风暴雪不停，屋内却格外温暖。

第二天一早，雪停了。屋外是银装素裹的世界，格外地清冷，格外地纯净。屋内，老人家从衣兜里掏出一枚金币，请波斯猫帮忙去买药。波斯猫接过亮闪闪的金币，惊喜地看了又看，摸了又摸，还咬了一下。过了一会儿，他对拉蒙先生真诚地说："老先生，请原谅我的情不自禁，这是我第一次看到这么大的金币。您放心，我一定会把药买回来，并且把余钱交给您的。"老先生点点头："我相信你是一个诚信的好孩子。"

太阳爬到了高空，屋外的雪渐渐开始融化，波斯猫没有回来；太阳慢慢地下山了，波斯猫依然没有回来；月亮爬上了屋顶，波斯猫还是没有回来。拉蒙先生来到门口，望着清冷的道路，不住地咳嗽，落寞与

四年级 尹州
指导老师：章菁菁

075

失望笼罩在老人的身上。他转身，准备关上门。

"等等！等一下……老先生！""你回来了！我以为你不回来了。"拉蒙先生惊喜地说。"怎么能不回来？昨晚雪太大了，去小镇的路被大雪阻断了，所以我绕了远路。很多药店都关门了，我跑了好几家呢！虽然衣服和鞋子都湿了，但我终于买到您要的药了。"说着，波斯猫一脸开心地拉着老人坐下，喂他吃药，并拿出了余钱交给他。拉蒙先生把余钱放到了波斯猫的手心："孩子，谢谢你这么辛苦地帮我把药买回来，这是给你的报酬。""不，不用。老先生，我只是做了我承诺的事而已。"老人笑了笑，不再强求。

几天后，波斯猫继续他的旅途。他不知道的是，他的口袋里多了两条鱼干和一张纸条。纸条上写着："孩子，诚信无价，祝你好运！"

指导老师：徐菁菁

39　森林里的共享超市

劳暄贻

　　童话世界中有一片广阔的大森林，森林中新开了一家共享超市。进超市的顾客需要戴上黄色的"诚信手环"，超市里的许多东西可以免费共享。

　　下雨了，可以带上爱心雨伞；要回家了，可以使用山地单车；想听音乐，可以带回蓝牙耳机；想玩耍了，可以带回声光电炫酷的玩具……共享超市有一条规定，所有共享物品用完后，第二天必须归还。

　　小白兔雪雪和小灰兔灰灰来到共享超市。雪雪喜欢听音乐，选择了蓝牙耳机。灰灰喜欢玩，选择

三年级　吕奕豪
指导老师：沈滟

了一辆玩具赛车。第二天，雪雪就把蓝牙耳机送回了超市。可是灰灰太喜欢这辆玩具赛车了，他舍不得还。一天过去了，两天过去了，三天过去了……后来，灰灰不小心把玩具赛车弄丢了。他想："丢了就丢了呗，反正又没有人知道。"

　　半个月后，雪雪和灰灰又去共享超市了。他们戴上了"诚信手环"，跨进超市。正在这时，"呜——哇——呜——哇——"警报响了，灰灰的手环变成了红色。周围的人对着灰灰指指点点，他的脸涨得通红。超市的保安队队长豹豹赶来，按了按灰灰的手环，警报停止了。豹豹严肃地说："灰灰不诚信，共享超市不欢迎。雪雪很诚信，欢迎光临！"

灰灰垂头丧气地回到家。后来爸爸陪着他，让他用自己的压岁钱买了一辆新的玩具赛车赔给共享超市，并在诚信承诺书上签上了自己的名字，保证遵守共享超市的规定，第二天一定归还共享物品。这样，灰灰又能重新进入共享超市了。

指导老师：曹新

小明星讨论台

小朋友，"诚信"是一枚亮闪闪的奖牌。读了故事，你们觉得诚信奖牌上应该刻上谁的名字呢?

应该刻上狗商人的名字，他做生意真正做到了"诚信为本""童叟无欺"。

应该刻上波斯猫的名字，他信守承诺，做到了答应拉蒙先生的事情。

应该刻上雪雪的名字，她遵守共享超市的规定，赢得了大家的信任。

小作家秀秀场

　　小朋友，诚信奖牌上还可以刻上谁的名字呢？请你围绕"诚信"，写一个童话故事。可以在人物说话前，加上动作、心情，神态，让故事更生动。

友善篇

40　皮皮猴变了

程宇晗

皮皮猴是森林里出了名的捣蛋鬼。

有一次，小松鼠悠闲地躺在大树上午睡。皮皮猴悄悄爬到树上，猛地一跺脚，把小松鼠从睡梦中吓醒，还害得小松鼠从树枝上掉了下来。小松鼠疼得哇哇大哭，他却在一旁哈哈大笑。还有一次，小羊正在小河边喝水，皮皮猴趁她不备，把她推入了河里，幸好鳄鱼伯伯经过，救了小羊……

一天，皮皮猴不小心掉进了枯井里，多亏大象爷爷和其他小动物们齐心协力才救出了皮皮猴。他红着脸，深深地向大家鞠躬："我以后再也不捣蛋

二年级　王丽烨
指导老师：王依能

085

了，会多做对大家有益的事……"

后来，皮皮猴成了森林里最乐于助人的动物。

白天他总是在树林里东奔西跑，忙着检查森林火灾隐患，是一个勤恳的消防卫士；打雷下雨时，他帮喜鹊阿姨照顾鸟窝里刚孵出的幼鸟；当森林幼儿园开班时，皮皮猴成了教小动物们爬树的教练……小动物们可喜欢他了。

皮皮猴的变化可真大，再也不是以前那只整天在森林里游手好闲、调皮捣蛋的猴子了。一年一度的森林表彰大会开幕了，大象爷爷还给皮皮猴颁发了一枚"友善"勋章呢！

指导老师：周梅

41　嘎喔兄弟

陈奕衡

　　森林边的草地上住着一对邻居——嘎嘎和喔喔。嘎嘎是一只黑乎乎的小鸭子，喜欢下河游泳。喔喔是一只漂亮的小公鸡，每天在草地上捉虫子，他总把捉来的虫子分给嘎嘎吃。喔喔想去对岸玩，嘎嘎就会驮着他游过河。嘎嘎的鸭棚紧挨着喔喔的鸡舍。他们是一对形影不离的好朋友，给自己的组合起了一个有趣的名字——"嘎喔兄弟"。

　　最近喔喔遇到了一件烦心的事。每当早晨天边出现红霞时，喔喔的嗓子总是痒得难受，他便"喔——喔，喔——喔——"地叫。这样一来，嘎嘎总是被吵得没法儿睡觉。

这天早晨，喔喔嗓子又痒了，他就捂住嘴巴，钻出鸡舍，前脚刚跨出门便"喔——喔——"地叫起来，两声响亮的啼鸣扰了嘎嘎的美梦。嘎嘎再也受不了了，他冲出鸭棚歪着脖子嚷道："别叫了，别叫了，每天早上都被你吵醒，害我不能睡个安稳觉。你，你还是走得远远的吧！"喔喔听了难过极了，为了不影响好朋友的生活，他决定搬家。

喔喔搬走后，嘎嘎果然每天都可以睡到自然醒。但是没有喔喔的日子，嘎嘎觉得无聊极了。

冬天到了。一天早上，嘎嘎一觉醒来，发现外面的草地已经被大雪覆盖，河面早已结冰，要想找些食物可不是一件容易的事了。他忽然想起，去年冬天，也是这样的下雪天，他和喔喔在雪地上堆了一个雪人。那雪人，白白的，胖胖的，就像喔喔一样格外可爱。喔喔还在雪地下找来虫子给他充饥，让他度过了一个快乐的冬天。可他却因为喔喔的大嗓门而嫌弃喔喔，把这样一位好朋友赶走了。

五年级　贺然
指导老师：蒋苏莎

　　嘎嘎越想越惭愧，他走出家门，决心要把喔喔找回来。

　　嘎嘎穿过草地，翻过陡坡，走入森林，雪地里留下了它深深的脚印。忽然，他听见远处传来"喔——喔——"的叫声。嘎嘎开心极了，那一定是喔喔在叫。他连奔带飞，朝着声音扑去，果然是喔喔！喔喔就在草窝里！

再次相见，喔喔和嘎嘎都分外惊喜。嘎嘎抱紧喔喔惭愧地道歉："我太自私了，你愿意原谅我吗？"喔喔不敢相信自己的耳朵，说："你真的不怕再被吵醒了吗？"嘎嘎连连点头："真的，真的！你快和我回家吧！"

春天，燕子飞来了，温暖的春风拂过绿油油的小草，太阳的光芒照到地上，地面升起一阵阵温暖。嘎嘎打了个哈欠，懒洋洋地钻出鸭棚。喔喔扭了扭身子，甩了甩头，也快活地走了出来。一群蝴蝶飞来，喔喔一跳，猛地捉住了一只蝴蝶，他得意地转头让嘎嘎看。嘎嘎一歪脑袋，一头扎进小河里，捉住一条大鱼，冲喔喔扬了扬脖子。"嘎喔兄弟"开心极了。

柔嫩的青草随风摇动，就像是在告诉它们，朋友之间就应该互相包容，互相帮助，友善相处。

指导老师：毛灵芳

42　小陶罐和小铁罐

金子璇

在一个罐子王国里，有一群长相不一的罐子，相亲相爱、快乐地生活在一起。

《陶罐和铁罐》这个故事在陶罐家族流传千年，可以说无人不知，无人不晓。一天，陶罐妈妈给小陶罐讲述了这个故事。小陶罐一听，二话不说，快马加鞭地赶到小铁罐家炫耀去了。

小铁罐看见小陶罐大摇大摆地走了进来，马上热情地迎上去，高兴地说："你来啦，我最亲爱的朋友。"

"谁是你的朋友！"小陶罐眉毛一扬，"你知道吗？我的老祖宗现在正舒舒服服地躺在博物馆精美的展柜里，那么多的灯光照着它，那么多的目光注视着它，那么多的相机只为拍它，那么多的惊叹声围绕着它……不久的将来，我一定也会这样的！"

"而你，"小陶罐撇撇嘴，"将会和你的老祖宗一样腐蚀成一堆锈土，消失得无影无踪。"

"我的朋友，"刚才一言不发的小铁罐心平气和地说，"我不在乎以后会怎么样，但至少目前你和我一样，都是用来盛东西的，再说……"

"住嘴！"小陶罐鼻子都气歪了，"你有我这么华丽吗？你有我这么光洁吗？"说完，扬长而去。

小铁罐看着小陶罐的背影，无奈地摇摇头，叹了口气。

转眼几天过去了，罐子王国迎来了热闹非凡的国庆节。看，大家正在举办"国之颂——罐子王国魅力主题晚会"。台上节目精彩纷呈，台下观众欢呼喝彩。最后，那令人期待的节目隆重开演了，舞台的幕布慢慢拉开，音乐奏响，小罐罐们踩着欢快的节拍，迈着欢快的猫步走了上来，他们两人一组，每一组成员的衣服上都绣着一个主题词。

这时，小陶罐看了看它的搭档——小铁罐，不满地想："是谁这么有眼无珠，把我和这个家伙分在'友善'一组？我眉清目秀，笑靥如花，哎呀呀！'友善'这个词跟我真的是绝配。而那家伙，黑不溜秋的，一张包公脸，不笑不知道，一笑吓人一跳呢，他跟'友善'这两个字八竿子打不着呀……"小陶罐越想越来气，一不留神，脚一扭，跌倒在地滚了起来。霎时，台下惊叫声一片，小陶罐心里暗暗悲叹："完了完了，我的末日到了，从那么高的舞台上滚下来，肯定要进ICU了！"

这时只见一道身影以百米冲刺的速度闪下舞台，随着"砰"的一声，小陶罐想："哪个倒霉蛋和我一样惨？"小陶罐只觉得身体下沉，就在他觉得要触到地面的那一刻，却又突然被什么东西托住了。小陶罐把紧闭的双眼睁开一条缝，哦，原来是小铁罐急中生智，拉开舞台边的一面彩旗，稳稳地托住了它。小铁罐小心翼翼地将它放在了地上，还关切地问："你没伤着吧？"顿时，四面八方响起了雷鸣般的掌声……

小铁罐黑不溜秋的包公脸，此时却是那么美。小陶罐此时才真正领悟到了友善的意思。想到自己平时对小铁罐冷嘲热讽，小铁罐却从来不气不恼，还笑眯眯地包容自己，他情不自禁地流下了惭愧的眼泪。

从此以后，罐子王国里又多了一对友善的罐子兄弟。

指导老师：毕珠叶

43　与众不同的小鳄鱼

吴天启

在雨林的深处有一片大大的沼泽地，那里居住着一群鳄鱼。他们凶神恶煞，经常捕捉其他小动物。小动物们一提到鳄鱼，就害怕得瑟瑟发抖。但是，有一条可爱的小鳄鱼，却成了例外……

这条小鳄鱼叫啵啵，她看不惯兄弟姐妹们的残暴，不忍心把小动物当作晚餐……她不想再过这样的生活了，她想要和小动物们一起玩耍，想和他们做朋友。

一天晚上，月色昏暗，星光稀疏，整个雨林似乎都沉睡过去了。啵啵悄悄地起来，爬出了沼泽地，离开了家。

啵啵一刻不停地爬着，一路上她忍受着饥饿、恐惧，有时也会想家，会默默地流泪，但她自从那天下定决心离开亲人，过不一样的生活，就再不想回去了。

啵啵终于爬出了雨林，此时她又疲倦又兴奋，她回头看看陪伴她成长的雨林，陷入了沉思……忽然，旁边传来了一阵"窸窸窣窣"的响声。啵啵回过头一看，原来是一对兔子母女。她刚想过去跟她们打招呼，兔妈妈却背着小兔风一般地逃走了。啵啵委屈极了，小声地说："我又不是坏人……"

她沮丧地在林子里走着，不知不觉来到了一条小河边。她看着河水里自己的倒影说："你真的这么令人讨厌吗？"突然，从天上落下来几滴小水珠。啵啵抬头一看，发现是一只小鸟在哭。于是她问小鸟："你怎么了？为什么哭呀？"小鸟回答："我要送给朋友的礼物掉进水里了，你看，就是那些小果子。""这好办！"啵啵一听就来了劲，飞

四年级　祝浩南
指导老师：肖珏　沈滟

097

快地跳下水，捞出了小果子递给小鸟，小鸟这才高兴地笑了。

帮助完小鸟，啵啵又郁闷起来。小鸟看出了她的不开心，关心地问道："你怎么了？"啵啵说："我没有朋友，小动物一见我就跑……"小鸟真诚地说："我可以做你的朋友啊！""真的吗？"啵啵开心极了，围着小鸟摇尾巴。

从那以后，小鸟和啵啵成了非常要好的朋友。在小鸟的介绍下，啵啵逐渐拥有了一大群好朋友。啵啵真的过上了不一样的生活！

指导老师：毛惠娣

小明星讨论台

有的人是那么温和、友善，招人喜欢。小朋友，读了故事后，你们觉得什么是"友善"呢？

友善就是像皮皮猴那样，不再调皮捣蛋，多做对大家有益的事情。

友善就是像"嘎喔兄弟"那样，互相包容，互相帮助，相亲相爱。

友善就是像啵啵那样帮助别人，像小鸟那样给朋友尊重和温暖。

小作家秀秀场

　　小朋友，你身边有哪些友善的人呢？请你围绕"友善"，写一个童话故事。写的时候，可以试着用一些象声词，让故事有声有色，更生动。